鬼滅の刃

DEMON SLAYER

Einflügeliger Schmetterling

DEMON SLAYER
KIMETSU NO YAIBA
EINFLÜGELIGER SCHMETTERLING

manga cult 漫画

Koyoharu Gotouge
Aya Yajima

Die Charaktere

Tanjiro Kamado

Ein lieber Junge, der seine Schwester retten und seine getötete Familie rächen will. Er kann die Schwachstellen von Dämonen und anderen Feinden am Geruch erkennen.

Nezuko Kamado

Tanjiros jüngere Schwester wurde von einem Dämon angefallen und selbst zu einem Dämon gemacht.

Zenitsu Agatsuma

Er ist im gleichen Alter wie Tanjiro. Im Wachzustand ist er feige und weinerlich. Erst im Schlaf entfaltet er seine wahre Kraft.

Inosuke Hashibira

Auch er ist in Tanjiros Alter. Er umhüllt sich mit einem Wildschweinfell und ist sehr kampflustig.

Shinobu Kocho

Sie ist eine der »Säulen« der Demon-Slayer-Truppe. Ihr Fachgebiet ist die Pharmazie, und sie braut Gifte, die Dämonen töten können.

Kanae Kocho

Shinobus ältere Schwester hat gegen den hochrangigen Dämon Doma gekämpft, aber verloren.

In der Demon-Slayer-Truppe ist er die Säule der Felsen. Er hat stets eine Gebetskette in den Händen und rezitiert das Nenbutsu, die buddhistische Anrufung des Amida-Buddha.

Säule des Wassers. Er hat Tanjiro in die Truppe eingeführt und kümmert sich seitdem um ihn.

Säule des Nebels. Er ist ein Nachfahre von Benutzern der Sonnenatmung, der ersten Atemtechnik.

Säule der Liebe. Sie ist der Demon-Slayer-Truppe beigetreten, um einen Mann zum Heiraten zu finden.

Säule der Schlangen und ein reichlich rätselhafter Schwertkämpfer, der zusammen mit einer Schlange agiert.

Säule der Flammen. Er vernichtet Dämonen mit seiner Flammenatmung.

Säule des Klangs. Als ehemaliger Ninja tritt er gerne laut und effektvoll auf.

Säule des Windes. Er ist Genyas älterer Bruder, erkennt ihn aber nicht an.

Er ist der jüngere Bruder von Sanemi, der Säule des Windes. Im Dorf der Schwertschmiede trifft er Tanjiro wieder.

INHALT

DEMON SLAYER

KIMETSU NO YAIBA

EINFLÜGELIGER SCHMETTERLING

KAPITEL 1

Der einflügelige Schmetterling

Gyomei Himejima war wahrlich ein liebenswürdiger Mensch. Er zog in einem alten Tempel Waisenkinder auf und lebte ein ärmliches, aber glückliches Leben. Jeden Tag arbeitete er hart, um die Kinder zu ernähren, und aß selbst dabei kaum etwas. Nie schlug er die Kinder, nicht einmal lautes Schimpfen hörten sie je von ihm. Gyomei Himejima war feinfühlig, naiv und zu nett, also ein ganz durchschnittlicher Mann. Zumindest bis zu jener albtraumhaften Nacht …

»Namu Amida Butsu«*

Himejimas Sonnenschwert bestand aus einem Beil und einer Eisenkugel, beide durch eine Kette miteinander verbunden. Und mit diesen Waffen zerschmetterte er Hals und Kopf des Dämons.

Als er herbeigeeilt war, war der Raum bereits in Blut getränkt gewesen. Das Blut des zuvor ermordeten Elternpaares hatte sich mit dem Blut des Dämons vermischt und stank so sehr, dass man zu ersticken drohte. Der Dämon war schon im Zerfall begriffen. Vor ihm standen zwei

* *Anfang des Nenbutsu-Gebets*

Mädchen. Das eine von ihnen war sehr jung und schirmte verzweifelt das andere, noch jüngere Mädchen ab. Sie schienen Schwestern zu sein, denn sie hatten eine ähnliche Ausstrahlung. Beide zitterten und weinten.

Die beiden Mädchen waren offensichtlich voller Furcht. Man würde erwarten, dass sie kurz nach ihrer Rettung den Tod ihrer Eltern erkennen und von Trauer über den Verlust übermannt würden. Kurz darauf würde in ihnen Hass aufwallen, Hass auf den Dämon, der ihnen dies angetan hatte. Doch alles, was die beiden Mädchen in diesem Augenblick fühlten, war pures Grauen, eine reine, überwältigende Furcht vor diesem unbekannten Wesen, das der Dämon für sie war.

Vielleicht bin ich in den Augen der beiden auch ein Monster …

So war es Himejima mit Sayo ergangen. Er hatte in seinem Leben bereits sehr viele liebe Menschen verloren und eigene Verletzungen, ja sein Leben riskiert, um das Mädchen zu beschützen. Sayo hatte gezittert und vor Furcht geweint, als sie zu den herbeigeeilten Erwachsenen sagte: »Der Mann ist ein Monster! Er hat alle umgebracht! Der Mann hat alle umgebracht!« Dass sie mit »dem Mann«

nicht Himejima, sondern den Dämon meinte, ahnten weder der ermittelnde Beamte noch die anderen Erwachsenen oder Himejima selbst.

Himejima erklärte sich die vermeintliche falsche Anschuldigung damit, dass das arme Kind geistig verwirrt gewesen war und sich falsch erinnert hatte. Sayos vor Furcht zitternde Stimme hatte er nie vergessen können.

Kinder sind bedauernswert schwache Wesen ... und sie sind grausam.

Dieser Gedanke beherrschte Himejima auch jetzt noch.

»Dies ist Gyomei Himejimas Haus, nicht wahr?«

Himejima schwieg. Die »Kakushi« genannten Aufräumarbeiter hatten die Mädchen zu ihren Verwandten gebracht, und Himejima hatte nicht damit gerechnet, sie noch einmal wiederzusehen. Deswegen hatte er auch nicht nach ihren Namen gefragt. Eigentlich wollte er auch nichts mehr mit Kindern zu tun haben. Hinzu kam, dass seit dem Ereignis schon zwei Wochen vergangen waren, und so fragte er sich argwöhnisch, warum sie nun zu ihm gekommen waren.

»Bitte verzeihen Sie, dass wir Sie so plötzlich unangemeldet stören«, sagte das ältere der beiden Mädchen und verbeugte sich.

»Ich bin Kanae Kocho, und das ist meine jüngere Schwester Shinobu.«

Nachdem Kanae sie beide vorgestellt hatte, deutete die jüngere Schwester unbeholfen auch eine leichte Verbeugung an.

»Woher habt ihr meine Adresse?«

»Ein Kakushi hat sie uns gegeben. Bitte entschuldigen Sie, dass wir uns noch gar nicht richtig dafür bedankt haben, dass Sie uns vor dem Dämon gerettet haben. Vielen Dank, dass Sie uns, und besonders meine kleine Schwester gerettet haben!«

Das Mädchen sprach mit so sanfter und lieblicher, aber auch würdevoller Stimme, dass Himejima an eine mitten im Schnee blühende Blume denken musste.

»Vielen Dank, dass Sie meine große Schwester gerettet haben«, sagte nun auch Shinobu. Ihre Stimme klang jünger und ein wenig trotzig.

»Die Beisetzung unserer Eltern verlief ohne Zwischenfälle. Ihre Leichen waren noch weitgehend intakt, sodass sie gut in die Särge gelegt werden konnten. All das verdanken wir Ihnen, Herr Himejima. Wir sind Ihnen wirklich sehr dankbar.« Bei beiden Schwestern schwangen viele tief empfundene Gefühle in der Stimme mit: Ihre Trauer über den Verlust der Eltern, ihre Dankbarkeit gegenüber Himejima und auch ihre gegenseitige Geschwisterliebe waren deutlich spürbar.

Nur um mir das mitzuteilen, sind sie hergekommen?

Obwohl ihre seelischen Wunden sicher noch nicht verheilt waren, hatten sie sich entschlossen, Himejima zu besuchen. Dieser war tief bewegt angesichts ihrer inneren Stärke. Andererseits hatte er aber auch Bedenken, sich weiter mit den Kindern zu befassen. Trotz ihrer lobenswerten Worte würden Kanae und Shinobu ihm später einmal vielleicht Vorwürfe machen, warum er ihnen nicht früher geholfen hatte. Womöglich würden sie ihm die Schuld am Tod ihrer Eltern geben. Denn so waren Kinder für ihn.

Und so sagte Himejima bewusst teilnahmslos: »Keine Ursache. Das Töten von Dämonen ist meine Arbeit.«

»Ja. Der Kakushi hat uns erzählt, dass Sie zur Demon-Slayer-Truppe gehören.«

Kanaes Stimme klang plötzlich nervös. Sie sah zu ihrer jüngeren Schwester, die sie ihrerseits ansah, dann nickten beide sich zu.

»Wir sind hier, weil wir Sie um etwas bitten möchten, und …« Shinobu unterbrach sie: »Bitte bringen Sie mir und meiner großen Schwester bei, wie man Dämonen tötet! Wie man ihnen den Kopf abhackt!«

An der festen Stimme der jüngeren Schwester erkannte der blinde Himejima mit den Augen seines Herzens, dass es einen entscheidenden Unterschied zwischen den beiden Mädchen gab. Während Kanaes Entschluss aus tiefer Trauer und Schmerz erwachsen war, brannten in Shinobu Zorn und Hass. Und dabei entbehrte ihre unverhohlene Wut nicht einer gewissen Schönheit …

Die Arme …

Wenn das Unglück nicht passiert wäre, hätte das kleine Mädchen weiter ein glückliches, von der Liebe seiner Eltern und seiner Schwester behütetes Leben führen können. Es war furchtbar und unerträglich, dass Shinobu nun derartigen Zorn und Hass hegen musste. Doch Himejima schlug die dringende Bitte der beiden Schwestern aus. Nur aufgrund ihrer jetzigen Gefühle durfte er ihnen nicht die Zukunft verbauen. Doch vor allem waren es seine eigenen seelischen Wunden, die ihn daran hinderten, die Mädchen zu trösten.

Als Himejima das Haus verließ, um Holz hacken zu gehen, fand er draußen Shinobu vor. Unwillkürlich runzelte er die Stirn. »Du bist noch hier?«

»Ja, bin ich! Sie haben ja noch nicht gesagt, dass Sie uns beibringen, Dämonen zu töten«, antwortete Shinobu ärgerlich. Dann ertönten die Laute von einer auf Holzstücke niedergehenden Axt.

»Das Holz hacke ich. Kanae putzt das Haus und wäscht die Kleidung. Auch Ihr Kimono sollte möglichst gewaschen werden, bitte ziehen Sie sich nachher um.«

»Ich kann mich nicht erinnern, euch um all das gebeten zu haben«, erwiderte Himejima leicht gereizt. »Geht nach Hause zurück, bevor es dunkel wird.«

»Wir haben kein Zuhause mehr!« Shinobus Stimme war fest, fast störrisch. »Wir haben alles verloren. Was noch übrig war, haben wir weggeworfen. Ich habe nichts mehr, nur noch meine große Schwester«, sagte das Mädchen und hackte ein weiteres Stück Holz. Diesmal klang es jedoch nicht so perfekt wie zuvor. Die Axt, die Himejima gewöhnlich zum Holzhacken verwendete, war sicher zu groß für Shinobu.

»Gib mal her.« Himejima nahm ihr das Werkzeug ab, und ihre Hand, die er dabei berührte, war so klein, dass es ihm fast in der Seele wehtat.

Shinobus Stimme, ihre Sprechposition und der Klang ihrer Schritte ließen Himejima vermuten, dass sie kleiner war als durchschnittliche gleichaltrige Mädchen, und damit hatte er recht.

»Schau, ich zeige dir, wie man das macht.«

Zur Demonstration ließ Himejima die Axt genau senkrecht auf das Rundholz niedergehen. Dies erzeugte einen besonders hell klingenden Laut.

»Woher wussten Sie, wo Sie treffen müssen? Sie sind doch blind, Onkel!«

»So alt bin ich noch nicht, dass du mich Onkel nennen darfst!«

Auf Himejimas Beschwerde hin dachte Shinobu kurz nach und korrigierte sich dann: »Gut, dann … Herr Himejima.« Der Ernst, mit dem sie dies sagte, war bezaubernd.

»Die Wunde auf Ihrer Stirn … War das der Dämon? Tut sie noch weh?«

Himejima ignorierte Shinobus Frage und sagte nur: »Nun geht schon nach Hause.«

Tief in seinem Innern wallten leichte Gereiztheit und Traurigkeit auf.

»Du und deine Schwester, ihr werdet nie Dämonen töten können.«

»Wieso denn nicht? Sie haben doch auch Frauen in der Demon-Slayer-Truppe? Das hat uns der Kakushi erzählt! Mich können Sie nicht belügen!«

»Ja, das stimmt. Es gibt auch weibliche Demon Slayer. Aber im Vergleich zu den Männern ist ihre Zahl außerordentlich gering. Die meisten Mädchen bestehen das letzte Auswahlverfahren nicht.«

»Das letzte Auswahlverfahren? Was ist das? Eine Art Prüfung? Dann schaffen wir das. Kanae und ich, wir sind beide klug.«

»Ihr beide durchlebt jetzt eine schwierige Zeit, das verstehe ich gut. Aber irgendwann werdet ihr all das vergessen. Lebt ein glückliches Leben wie andere Mädchen auch! Findet gute Männer zum Heiraten, bringt Kinder zur Welt und lebt lange, bis ihr ganz viele Falten im Gesicht ...«

»Vergessen? Das werden wir niemals!«, brach es aus Shinobu heraus, bevor Himejima seinen Satz beenden konnte. Mehrere Vögel flogen schlagartig aus dem nahen

Geäst auf, als ob Shinobus gellender Ausruf sie aufgeschreckt hätte, und die Zweige wogten heftig hin und her.

»Der Dämon hat unseren Papa und unsere Mama vor unseren Augen umgebracht! Glauben Sie, wir können jetzt ganz normal weiterleben? Und ganz normal glücklich werden? Sollen wir uns selbst belügen und so tun, als ob wir es vergessen hätten und glücklich leben würden? Wenn das ›Glück‹ sein soll, will ich nicht glücklich sein! Das ist doch das Gleiche wie tot zu sein!«

»Der Weg eines Demon Slayers ist hart und steinig! Und er ist voller Blut! Glaubst du, eure Eltern hätten sich so eine Zukunft für euch gewünscht?«

»Das weiß niemand, was unsere Eltern sich wünschen würden!«, schrie Shinobu, den Tränen nahe.

Himejima schwieg. Shinobu redete weiter auf ihn ein: »Könnten *Sie* das denn, Herr Himejima? Ganz normal glücklich weiterleben, als ob nichts geschehen wäre, obwohl Ihre Liebsten ermordet wurden? Warum sind Sie denn zum Demon Slayer geworden?!«

Nach dieser bissigen Tirade lief Shinobu in die dem Haus entgegengesetzte Richtung. Das ging so schnell, dass Himejima sie nicht einmal mehr zurückrufen konnte. Er stand einfach nur verdutzt da.

»Keine Angst, sie wird gleich wieder hier sein«, sagte Kanae hinter seinem Rücken. »Bitte verzeihen Sie, dass Shinobu so unhöflich war. Im Grunde versteht sie, dass Sie sich von Herzen Sorgen um uns machen. Aber ihre Gefühle sprechen eine andere Sprache. Sie war schon immer ein verwöhntes Kind und hat unsere Eltern über alles geliebt.«

»Wer Demon Slayer werden will, muss eine gewisse Statur mitbringen. Ohne ausreichende angeborene Muskelmasse nützt einem auch eine bis zum Äußersten ausgefeilte Schwerttechnik nichts. Reine Kraft verhält sich proportional zur Muskelmasse.«

»Das verstehe ich schon.«

»Du bist ja noch relativ groß. Aber deine Schwester ist wahrscheinlich zu klein, um jemals einem Dämon den Kopf abschlagen zu können.«

Kanae schwieg, und Himejima fuhr fort: »Und was glaubst du, wie es einem Demon Slayer ergeht, der einen Dämon nicht köpfen kann?« Kanae senkte traurig den Kopf, und nach einem Weilchen unangenehmer Stille erhob sie ihre Stimme.

»Unser Vater sagte immer: Wenn jemand eine schwere Last zu tragen hat, nehmt ihm die Hälfte ab, wenn jemand über ein Problem nachgrübelt, denkt mit ihm zusammen nach, und wenn jemand traurig ist, steht ihm bei!«

So, wie Himejima die beiden Schwestern erlebte, konnte er gut erkennen, dass deren Eltern wunderbare Menschen gewesen sein mussten, die mitfühlend, aufrecht und fleißig gewesen waren und ihre Kinder von Herzen geliebt hatten.

Doch nun waren diese Eltern nicht mehr am Leben. Sie waren ihren Kindern brutal entrissen worden, ohne dass sie sich hatten zur Wehr setzen können.

»Ich will alle retten, Menschen und auch Dämonen«, sagte Kanae. Ihre Stimme war voller Aufrichtigkeit und verzweifelter Traurigkeit, und sie klang überhaupt nicht nach einem jungen Mädchen. Doch statt Mitgefühl zu empfinden, überwog in Himejima der Zweifel. Er konnte nicht erfassen, worauf Kanae hinauswollte.

»Du willst Dämonen … retten?«

»Der Kakushi hat gesagt, dass Dämonen vorher Menschen wie wir waren«, sagte Kanae und hob den Kopf. »Sie sind bemitleidenswerte Geschöpfe. Sie sind noch irgendwie Menschen, aber fressen andere Menschen und fürchten sich vor der Sonne am Morgen, die wir so genießen. Mit jedem Dämon, den wir töten, können wir Menschen vor ihm retten, und ihn selbst von seinem elenden Schicksal befreien.«

»Willst du damit sagen, dass du selbst den Dämon, der eure Eltern ermordet hat, retten wollen würdest?«

»Ja.«

»Wenn du das ernst meinst, bist du nicht bei Verstand«, entgegnete Himejima bissig.

Dämonen retten? Bemitleidenswerte Geschöpfe?

Das erschien Himejima einfach nur Blödsinn zu sein. Er war immer noch voller Hass auf den Dämon, der ihm alles genommen hatte. Und er wollte so viele dieser Ungeheuer töten wie möglich. Das Gefühl in seiner Faust, als er damals immer wieder auf den Dämon eingeschlagen hatte, war immer noch in ihm lebendig, und es würde ihn sicher sein Leben lang nicht verlassen. Bis zum Ende seiner Tage würde er nicht aufhören, eigenhändig Dämonen zu töten.

Dieses Mädchen ist zu nett.

Für einen normalen Menschen wäre dies eine lobenswerte Eigenschaft, aber wenn sie ein Demon Slayer würde, müsste sie diese Nettigkeit ablegen, um nicht selbst unterzugehen.

»Du solltest kein Demon Slayer werden.«

»Ich möchte verhindern, dass jemand anders ins Unglück gestürzt wird, so wie Sie uns gerettet haben ... So, wie Sie Shinobu gerettet haben, will auch ich die Liebsten von jemand anderem retten, um den ewigen Kreislauf der Tragödien zu brechen.«

»Auch, wenn du und deine Schwester dabei sterben?«

Selbst wenn Kanae selbst sich dafür entschied, notfalls ihr Leben zu opfern, würde sie dies nur schwerlich für ihre jüngere Schwester entscheiden können. Himejima musste zugeben, dass er ihr eine gemeine Frage gestellt hatte. Doch ...

»Wir haben uns entschieden. Wir sind zu allem bereit«, entgegnete Kanae schließlich mit bebender Stimme. »Wir haben uns geschworen, dass wir nicht zulassen werden, dass anderen Menschen das gleiche Schicksal widerfährt wie uns.«

Die traurige Entschlossenheit dieser noch so jungen Mädchen stieß Himejima bitter auf. Und ihre unerwartete Hartnäckigkeit machte ihn wütend. Doch noch mehr ärgerte ihn seine eigene Unfähigkeit, die Bitte der Mädchen einfach anzunehmen. Himejima schloss die blinden Augen und kehrte dem Mädchen den Rücken zu. Dann fuhr er fort, Holz zu hacken. Ein weiterer Holzblock wurde zerteilt, und es erklang ein heller Laut. Wie um Kanaes stechendem Blick in seinem Rücken zu entkommen, fuhr er konzentriert mit dem Holzhacken fort.

Die ältere Schwester hatte recht behalten: Kurze Zeit später kehrte Shinobu zu den anderen beiden zurück.

»Ich bin wieder da«, sagte sie und drückte Himejima ohne Scheu die unterwegs gesammelten Wildkräuter und Pilze in die Hand: »Fürs Abendessen. Ich denke an alles, was?«

Himejima nahm die vielen Kräuter und Pilze stirnrunzelnd und mit einer bösen Vorahnung entgegen. Und tatsächlich blieben die beiden Schwestern über Nacht. Himejima hatte gehofft, dass eine Verbindungskrähe kommen und ihm einen Auftrag erteilen würde, doch gerade an diesem Tag ließ keiner dieser Vögel von sich hören.

Bald ging die Sonne unter, und die Außentemperatur sank. Nachdem Himejima das von ihm selbst und Shinobu gehackte Holz in die im Boden eingelassene Feuerstelle gegeben hatte, vermengte sich mit der Hitze des Feuers der Duft von Miso und gekochtem Reis.

»Herr Himejima«, vernahm er eine kindliche Stimme, »das Abendessen ist fertig!«

»Verzeihen Sie, dass wir Ihre Zutaten benutzt haben, ohne zu fragen!«, fügte Kanae hinzu, aber es war schon zu spät: Himejima musste notgedrungen nun mit den Kindern zusammen an der Feuerstelle sitzen. Die Schwestern hatten Misosuppe mit Pilzen und Reisbällchen mit gebratenem Saibling und Wildkräutern kredenzt.

Himejima war plötzlich gerührt. Wie lange mochte es her sein, dass er mit anderen Menschen zusammen gespeist hatte? Das im Feuer berstende Holz gab knisternde Laute von sich.

»Lecker«, entfuhr es Himejima, und Kanae erwiderte fröhlich: »Das hat Shinobu gekocht! Shinobu ist geschickt mit den Fingern. Sie hat schon immer gerne im Garten Kräuter gesammelt und Apotheker imitiert … und sie braut auch tatsächlich richtige Medizin zusammen!«

»Aber in allen anderen Dingen ist Kanae geschickter als ich«, sagte Shinobu in leicht derbem Ton, aus dem jedoch deutlich wurde, dass sie nicht wirklich wütend, sondern nur verlegen war.

»Kanae ist die Schönste in der ganzen Stadt. Sie kann Koto spielen, ist perfekt in Ikebana* und der Teezeremonie und überhaupt allem. Alle Männer in der Stadt sind verrückt nach ihr.«

»Hör schon auf, Shinobu!«

»Wenn Herr Himejima dich sehen könnte, wäre er sicher auch beeindruckt!«

* *Kunst des Blumenarrangierens*

»Schluss jetzt, Shinobu!«

»Aber so ist es doch!«

»Nun lass mal gut sein, Shinobu. Herr Himejima, gibt es irgendwas, was Sie besonders gerne essen?«

»Gebratene Eier? Eingekochtes Gemüse? Oder vielleicht Tenpura? Das können Kane und ich Ihnen morgen kochen!«

Himejima ließ die Schwestern im Großen und Ganzen reden, ohne sie zu unterbrechen. Das Feuer gab eine wohlige Wärme ab. Es war der gleiche Reis, von dem er immer aß, aber die von den Mädchen gekneteten Reisbällchen schmeckten unheimlich zart.

Selbst die Luft im Raum empfand er als angenehm und klar. Ja, so warm fühlte es sich an, mit anderen zusammen zu leben. Himejima musste wieder an damals denken, als er mit den Waisenkindern zusammengelebt hatte. Dann schob er die Reste seiner Erinnerung an glückliche Tage tief in einen Winkel seines Herzens.

In dieser Nacht wurde er immer wieder jäh von Shinobus Schreien aufgeweckt.

»Papa!! Mama ...!!«

»Shinobu ... Ist ja gut! Ist ja alles gut!«

»Neiiiiiin!!!«

»Shinobu … Shinobu …«

Himejima spürte, wie Kanae ihre kleine Schwester umarmte und zu trösten versuchte.

»Ein Dämon! Ein Dämon geht auf Mama und Papa los!«

»Shinobu … Shinobu …«

Shinobus herzzerreißende Schreie, ihr Schluchzen und Kanaes besänftigende Rufe nach ihr drangen an seine Ohren und wollten keine Ende nehmen.

✵

Als Himejima am nächsten Morgen erwachte, waren Shinobu und Kanae wieder ganz zu ihrer Selbstsicherheit vom Vortag zurückgekehrt und erwarteten ihn schon mit dem selbst gemachten Frühstück. Die Schwestern blieben hartnäckig und machten keinerlei Anstalten, nach Hause zurückzukehren. Nach drei Tagen hatte Himejima bereits jeden Widerstand aufgegeben.

Da waren sie nun: zwei Kinder, die ihre geliebten Eltern verloren hatten, und ein Erwachsener, der seine sorgsam gehüteten Waisenkinder verloren hatte. Die Konstellation glich fast einem bizarren Familien-Rollenspiel. Wenn dies so weiterging, würde er irgendwann noch familiäre Gefühle für die beiden entwickeln. Oder spürte er bereits solche Empfindungen? Umso mehr wuchs in ihm eine unvergleichliche Furcht davor, die Kinder einer glücklichen Zukunft zu berauben.

»Kommt mit!«

Am vierten Morgen ihres ungewöhnlichen Zusammenlebens nahm er die Schwestern mit hinters Haus. Dort befand sich ein großer Felsen, an dem Himejima zu trainieren pflegte. Der Felsblock war so groß wie ein ausgewachsener Mann, und auf die Kinder musste er wie ein kleiner Berg wirken.

»Ich stelle euch nun eine Prüfungsaufgabe, und sobald ihr sie bestanden habt, mache ich euch mit einem Lehrmeister der Demon-Slayer-Truppe bekannt.«

»Ist das wahr?«, fragte Shinobu mit sich überschlagender Stimme, und Kanae fragte perplex zurück: »Und was macht so ein Lehrmeister?«

»Nun, wie der Name schon sagt, er lehrt seine Schüler, wie man ein Demon Slayer wird. Es gibt viele solche Lehrmeister, die an verschiedenen Orten leben und verschiedene Lehrmethoden benutzen. Viele von ihnen waren früher selbst tüchtige Demon Slayer, aber mussten aus irgendwelchen Gründen aufgeben und setzen seitdem all ihre Kraft ein, Nachfolger auszubilden. Wer von einem solchen Lehrmeister unterrichtet wird und das ›Letzte Auswahlverfahren‹ am Berg Fujikasane überlebt, wird offiziell als Demon Slayer anerkannt.«

»Was? Dann unterrichten nicht Sie uns, Herr Himejima?«, fragte Shinobu, und in ihrer Stimme schwang ein wenig Enttäuschung mit.

Himejima musste lächeln. Dieses Mädchen war, von seinen Wutausbrüchen und zu nächtlichem Schreien führenden Albträumen abgesehen, wirklich noch ein ganz normales Kind. Ihre Stimme, die sofort die aktuelle Gefühlslage abbildete, und ihr direktes, aufrichtiges Wesen hatten für Himejima in letzter Zeit einen herzerwärmenden Charakter angenommen. Doch er ließ sich dies nicht anmerken, sondern antwortete bewusst kühl: »Ich habe meine eigenen Missionen und muss selbst trainieren. Andere zu unterrichten, dazu habe ich keine Zeit.«

»Sie müssen immer noch üben, obwohl Sie schon so stark sind?«, fragte Shinobu erstaunt, doch Kanae unterbrach sie und sagte: »Ich verstehe. Sobald wir Ihre Prüfung bestehen, stellen Sie uns bitte dem Lehrmeister vor.«

»Ihr werdet von unterschiedlichen Lehrmeistern an verschiedenen Orten unterrichtet werden.«

»Was ...?«

Die Mädchen waren verunsichert und verwirrt, und Himejima spürte besonders Shinobus Angst deutlich.

»Kanae ...«

Shinobe sprach ihre große Schwester mit entschlossener Stimme an, und diese nickte eifrig: »Das ist schon in Ordnung. Wir werden das Letzte Auswahlverfahren überleben und Sie ganz sicher irgendwann wiedertreffen, Herr Himejima.«

Himejima schloss die Augen. Er legte eine Hand auf den besagten Felsblock und fühlte dessen raue und kalte Oberfläche.

»Die Prüfung ist ganz einfach und besteht darin, diesen Felsen zu bewegen. Wenn ihr das könnt, erkenne ich euch als Kandidaten fürs Training unter dem Lehrmeister an.«

Himejima wusste sehr wohl, dass das eine nahezu unerfüllbare Aufgabe war. Er selbst hatte ja schon sehr lange gebraucht, um den Felsblock bewegen zu können. Diese Bedingung zu stellen, erschien ihm als elegante Lösung, um sich aus der lästigen Affäre zu ziehen.

Wie erwartet, war die ältere der Schwestern baff, und die jüngere polterte los:

»Das ist doch verrückt! Wie sollen wir so einen riesigen Felsen bewegen? Wer kann denn so was?«

»Ich kann ihn ein Cho* weit vorwärtsbewegen!«

»Ja, Sie können das vielleicht! Sie sind ja auch groß wie ein Bär! Aber wir können das doch niemals!!«

Shinobu war wütend, und Himejima sagte mit tiefer Stimme: »Glaubt ihr, ich lasse euch zu einem Lehrmeister, wenn ihr das nicht könnt?«

»Wa-was soll das heißen?«

»Wenn ihr das nicht könnt und trotzdem als Demon Slayer arbeitet, sterben Menschen, die ihr nicht beschützen konntet! Wollt ihr euch dann auch so halbherzig herausreden?«

Auf Himejimas strenge Worte hin wurde Shinobu kleinlaut und schwieg.

»Es geht nicht darum, ob ihr es könnt oder nicht. Selbst wenn ihr überzeugt seid, es nicht zu können, müsstet ihr es tun. Selbst wenn eure Kraft nicht reicht, ihr müsst jedes nur erdenkliche Opfer bringen und alles geben, um diese Aufgabe zu erfüllen«, sagte Himejima voller Schärfe und Strenge und fuhr fort: »Demon Slayer werden bedeutet nichts anderes, als das Leben anderer Menschen auf die eigenen Schultern zu nehmen!«

* *ca. 100 Meter*

Die Schwestern schwiegen.

»Wenn ihr das nicht könnt, dann kehrt nun endlich nach Hause zurück.«

Himejima wandte sein Gesicht ab und entfernte sich, ohne ein weiteres Wort zu verlieren.

Am gleichen Tag bekam er von einer Verbindungskrähe den Befehl, zu einer Mission auszurücken. Als er die beiden Schwestern darüber informieren wollte, dass er bald das Haus verlassen würde, standen sie immer noch vor dem Felsblock und mühten sich vergeblich ab, ihn zu bewegen.

Nachdem sie Himejima zugehört hatten, sagte Kanae leise und mit gesenktem Kopf: »Bitte passen Sie gut auf sich auf und kehren Sie gesund zurück.«

Himejima schärfte den Mädchen ein, dass sie, falls sie in seinem Haus bleiben wollten, zur Abschreckung von Dämonen unbedingt Blauregen-Räucherwerk entzünden sollten.

»Vielen Dank! Das werden wir auf jeden Fall tun«, versprach Kanae und fügte mit leicht verhärteter Stimmlage hinzu: »Wir beten für Ihr Glück im Kampf!«

Shinobu dagegen schwieg. Sie stand neben ihrer großen Schwester und sah Himejima vorwurfsvoll an. Dieser spürte den Blick in seinem Rücken, und während er sich zu seiner Mission aufmachte, hatte er das Gefühl, dass die Kleine entweder gleich wütend werden oder zu Weinen beginnen würde.

Sicher würden die beiden bald entmutigt und enttäuscht nach Hause zurückkehren. Vielleicht würden sie auch einen Groll gegen ihn hegen … Und dann würden sie und er sich nie wieder begegnen. Bei diesem Gedanken erschien es ihm, als öffnete sich in seinem Innern ein klaffendes Loch, durch das ein kalter Wind wehte. Und dieses Loch würde sich so bald nicht wieder schließen. Doch …

Es ist besser so.

Die beiden hatten erfahren, was Trauer bedeutete, und so würden sie zu starken und guten Erwachsenen heranreifen. Er wollte, dass sie überlebten und ihrerseits Kinder bekamen. Er wünschte ihnen, dass sie den Lebensweg gehen würden, der den armen Kindern im alten Tempel verwehrt war. Das war alles, was er von ihnen wollte. Selbst wenn dieser Wunsch nur eine Selbsttäuschung aus seiner eigenen Schwäche heraus sein sollte …

Als Himejima nach langer Zeit und beendeter Mission heimkehrte, fand er sein Haus leer, doch hinter dem Haus spürte er die Präsenz von jemandem.

Was ich da spüre ... das ist doch nicht etwa ...

Als er hinters Haus trat, fand er dort zwei Mädchen vor, die völlig entkräftet neben dem Felsblock saßen: Kanae und Shinobu. Sie waren offenbar sehr erschöpft und atmeten heftig. Erst als Himejima auf sie zu lief, erkannte Shinobu ihn und hob den Kopf.

»Ah, Herr Himejima! Willkommen zurück«, begrüßte sie ihn mit schwacher Stimme.

Kanae erhob sich schwankend und senkte leise den Kopf, wie sie es bei Himejimas Abschied getan hatte. Dann begrüßte auch sie den Hausherrn und fügte hinzu: »Ein Glück, dass Sie unbeschadet zurückgekehrt sind.«

»Wart ihr ...«

Als Himejima zur Frage ansetzte, ob sie die ganze Zeit in und an seinem Haus geblieben waren, hielt er stirnrunzelnd inne, denn ihm kam etwas komisch vor.

Die Position des Felsens hat sich verändert ...

Der Unterschied zu dessen vorheriger Position betrug zwar nicht ein Cho, aber Himejima war sicher, dass er bewegt worden war. Der Demon Slayer war zwar blind, hatte seine anderen Sinne dafür umso mehr geschärft und konnte ihnen vertrauen. Aber wie war das möglich?

Himejima war sprachlos und spürte, wie die Schwestern zufrieden einander zulächelten. Dann nahm Shinobu Himejimas Hand und führte diese sanft zu einem von unter dem Felsen hervorlugenden, stangenförmigen Gegenstand. Himejima erkannte den Trick, den die Mädchen angewandt hatten.

»Ein Hebel …?«

»Genau!«

Sie hatten unter dem Felsblock eine tiefe Aushöhlung gegraben, einen Stock hineingesteckt und so den Wirkungspunkt des Hebels erzeugt. Mithilfe eines in der Nähe des Felsens platzierten Rundholzes hatten sie einen Drehpunkt geschaffen. Durch Ausnutzung der Hebelwirkung konnten die körperlich schwachen Schwestern selbst diesen großen Felsblock ein Stückchen bewegen.

»Seid ihr von selbst auf diese Idee gekommen?«

»Ich hab doch gesagt, dass wir beide klug sind!«, sagte Shinobu stolz. »Aber na ja, wir haben viele Anläufe gebraucht.«

Shinobu legte ihre kleine Hand auf Himejimas Hand, und er fühlte, dass sie voller Lehm war. Die Blasen auf

* *Namu Amida Butsu*

ihrer Handfläche waren aufgeplatzt, die Haut rau und hart geworden. Kanaes Hand war vermutlich im gleichen Zustand.

Himejima schwieg, und Shinobu fragte unwillig: »Was ist denn? Haben Sie irgendwas zu beanstanden?« Doch ihre Stimme klang dabei scheu und verzagt. »Sie haben ja nicht gesagt, dass wir keinen Hebel benutzen dürfen!«

Vermutlich fürchtete sie, dass dieser durchtriebene, starrsinnige Erwachsene etwas auszusetzen hatte und durch Brechen der Abmachungen ihren Erfolg zunichte machen würde.

»Versprochen ist versprochen!«

»Ja, da hast du recht.«

Nach Shinobus herausforderndem Einwurf legte Himejima lächelnd seine Hand auf ihren Kopf.

»Ich erkenne euch an!«

Auf diese Worte Himejimas hin wich aus Shinobus Körper schließlich alle Anspannung.

»Wirklich?«

»Ja.«

»Dann stellen Sie uns nun unseren Lehrmeistern vor?«

»Ja, ich halte mein Versprechen und stelle euch fähigen Lehrmeistern vor.«

Nachdem dies geklärt war, rief Shinobu jubilierend: »Juhuu!« Kanae ließ einen Seufzer der Erleichterung hören.

In Himejimas Brust breitete sich eine lange nicht mehr empfundene Wärme aus.

»Kanae, Shinobu … Ihr habt die Prüfung mit Bravour bestanden!«

Nun hatte er die Schwestern erstmals mit ihren Namen angesprochen. Shinobu reagierte leicht verlegen, ihre große Schwester lächelte sanft.

Am nächsten Morgen machten beide sich auf den Weg zu ihren jeweiligen Lehrmeistern.

✵

»Also, nun möchte ich jeden von euch bitten, die Einzelheiten eurer Übungen genau festzulegen und das Training vorzubereiten.«

Damit war die Säulen-Versammlung beendet. Alle außer Giyu Tomioka, der sich bereits vorher zurückgezogen hatte, verließen nun nacheinander das Zimmer. Shinobu ging auf Himejima zu und sprach ihn an.

»Was gibt es denn?«, fragte dieser zurück

»Ich kann nicht am Säulen-Training teilnehmen.«

Sie begründete dies mit etwas Dringlichem, das sie zu erledigen hatte.

»Hat es etwas mit Gift zu tun?«

»Ja«, nickte Shinobu sanft und fuhr fort: »Ich glaube, es wird mich ein bisschen Zeit und Mühe kosten.«

»Verstehe.«

Shinobus Stimme klang wie immer, ausgeglichen und ohne besonderen Eifer. Nicht die geringste emotionale Turbulenz war herauszuhören. Ihre Stimme war sanft wie die Sonnenstrahlen im Frühling und voller Liebreiz. Sie glich ganz der Stimme ihrer mittlerweile verstorbenen älteren Schwester.

Nach Kanaes Tod hatte Shinobu sich verändert.

Kanae war allzu lieb und nett gewesen. Selbst den Dämonen, die sie töten sollte, hatte sie noch Mitleid entgegengebracht. Shinobu imitierte nun den Charakter ihrer Schwester, ihre Sprechweise und Haltung, ja ihr gesamtes Verhalten. Und nach einem äußerst strapaziösen Training war auch die jüngere Schwester schließlich zur Säule aufgestiegen. Wer Shinobu früher gekannt hatte, würde seine Verwunderung über ihre charakterliche Wandlung kaum verbergen können.

Musstest du dich so verändern, um weiterleben zu können? War es so schmerzlich und bitter für dich?

Himejima begann erneut zu zweifeln, ob seine Entscheidung damals wirklich die richtige gewesen war.

Die beiden Schwestern hatten unter ihren jeweiligen Lehrmeistern trainiert, das Letzte Auswahlverfahren überlebt und sich schließlich unter Tränen wiedergetroffen. Doch einige Jahre später starb Kanae. Shinobu hatte nun auch ihre geliebte ältere Schwester verloren. Himejima hatte ebenfalls Kanae, und sogar Shinobu, wie er sie gekannt hatte, verloren. Die jüngere Schwester, die an jenem Tag ihrer ersten Begegnung mit Himejima ihren brennenden Zorn und unverhohlenen Hass auf die Dämonen gezeigt hatte, gab es nun nicht mehr.

Doch Himejima bereute es nicht. Er durfte es nicht bereuen. Denn dies hätte bedeutet, dass er Kanaes heldenhaften und bis in den Tod konsequenten Weg als Schwertkämpferin negierte. Und es wäre auch einer Missachtung der Gefühle Shinobus gleichgekommen, die das Vermächtnis ihrer gestorbenen Schwester weiterführte.

»Also dann, ich verabschiede mich.«

Shinobu neigte leicht den Kopf und kehrte Himejima den Rücken zu. In diesem Augenblick wallte in diesem eine unsagbare Besorgnis auf. Er hatte plötzlich das Gefühl, dass er sie nie wiedersehen würde. Er musste an all den Schmerz denken, den das Mädchen durchgemacht hatte.

»Shinobu …«, entfuhr es ihm. Unwillkürlich hatte er sie angesprochen wie das kleine Mädchen, das sie damals gewesen war. Für einen kurzen Moment spürte er etwas Unruhe in Shinobus Aura, und ihm war, als würde sie wie jenes kleine Mädchen jeden Moment in Tränen ausbrechen. Doch Shinobu erlangte sofort die Fassung zurück und fragte: »Was gibt es?«

Nichts überstürzen … wollte er sagen, aber er verkniff es sich.

Die beiden Schwestern hatten einander wirklich sehr geliebt. Sie verstanden sich bestens, trösteten einander, vertrauten einander, und jede nahm die jeweils andere wichtiger als sich selbst. Shinobu hegte Tag für Tag nur diesen einen Wunsch, nämlich ihre Schwester zu rächen – nur dafür lebte sie. Und niemand in dieser Welt hatte das Recht, sie aufzuhalten.

»Ach, nichts«, presste Himejima heraus.

»Du bist komisch, Himejima …«, sagte Shinobu ein wenig verlegen und lächelte auf Kanaes Art. Dann setzte sie ihren Weg fort, ohne dass Himejima sie noch einmal zurückhielt.

KAPITEL 2

Überredungskünste

»Natürlich ging es bei mir nicht so schnell wie bei dir, aber ich bin dir wirklich dankbar! So kann der gute Kontakt untereinander einen manchmal richtig aus einer Bedrängnis retten! Und ich glaube, was man bei den Säulen-Übungen lernt, wird einem sicher später einmal zugutekommen!«

Nach Tanjiros netten, aufmunternden Worten hatte Zenitsu endlich wieder zu seinem alten Optimismus zurückgefunden. Doch bald hatte die von der ehemaligen Säule des Klangs Tengen Uzui durchgeführte Säulen-Übung namens »erste Prüfung« begonnen, und seit Zenitsu sich dieser Tortur unterziehen musste, war es mit seiner positiven Grundstimmung schlagartig vorbei.

»Hey, Zenitsu! Was liegst du da faul herum?! Glaubst du etwa, so kannst du jemals lernen, einen hochrangigen Dämon zu besiegen? Statt hier ein Nickerchen zu halten, läufst du Faulpelz jetzt, bis du Blut erbrichst! Wenn du dich weiter so hängen lässt, bring ich dich um!«

So wurde er namentlich gerügt, ja beschimpft. Und als er dann auch noch einen Schlag mit dem Bambusschwert einstecken musste, heulte Zenitsu verzweifelt auf.

Kann ich nicht ein klein wenig bevorzugt behandelt werden? Immerhin haben wir gemeinsam gegen einen Zunehmenden Dämonenmond gekämpft, oder? Ich habe alles gegeben! Ich habe doch auch mein Leben riskiert, oder?

Zenitsu hatte den Eindruck, dass Uzui gerade die Schüler, die er persönlich schon besser kannte, besonders streng behandelte. Inosuke allerdings schien sich unter Uzuis Schinderei wie ein Fisch im Wasser zu fühlen und lief die Berge hinauf wie ein junger Gott.

»Uooooh! Hals über Kopf! Hals über Kopf!«

»Gut so, Wildschwein! Noch 20 Runden, Jungs! Zenitsu, du läufst noch 30 Runden!«

»Verdammt!«

Uzuis mürrisches Gebrüll und Zenitsus dreckige Flüche hallten durch die Berge.

✵

»Sag mal, du hast doch mit ihm zusammen die Zunehmende Sechs besiegt? Warum hat er ausgerechnet dich dermaßen auf dem Kieker?«

»Genau das frage ich mich auch!«

Zenitsu kannte Murata, einen etwas älteren Demon Slayer, bereits von einer früheren Begegnung im Schmetterlingsanwesen. Dieser schenkte ihm nun in der Pause mitleidige Blicke, während Zenitsu völlig fertig auf dem Boden lag, zappelte und Blut und Wasser schwitzte.

»Ich kann nicht mehr! Ich will nicht mehr! Ich will so schnell wie möglich nach Hause und Nezukos Gesicht sehen! Das würde mich wieder aufbauen!«

»Was? Hast du etwa ... Sag bloß, du hast eine Freundin, Zenitsu?«

Murata und die anderen Anwesenden merkten auf. Doch beim Anblick des sich wimmernd am Boden wälzenden Zenitsu kamen sie unisono zu dem Schluss: »Nein, das kann nicht sein.« Augenblicklich entspannte sich die Stimmung, und unter den bei Mädchen unbeliebten Jungs entstand ein nie da gewesenes Zusammenhörigkeitsgefühl.

»Nein, das ist völlig unmöglich.«

»Er fantasiert sich das sicher nur zurecht, um seine Einsamkeit nicht spüren zu müssen.«

»Das verstehe ich nur zu gut.«

»Ich habe auch eine Fantasie-Freundin.«

»Echt? Du auch?«

»Ihr Gesicht gleicht dem von Frau Kocho.«

»Bei mir ist es die Säule der Liebe.«

»Ich stehe ziemlich auf die Tsuguko im Schmetterlingsanwesen.«

So plauderten sie nun und ließen Zenitsu links liegen. Dieser stand auf und widersprach: »Nein, Nezuko gibt es wirklich! Sie wartet auf mich im Schmetterlingsanwesen! Nennt das nicht Fantasie! Das verletzt mich!«

»Ist ja gut, Zenitsu.«

»Übernimm dich nicht!«

»Hier, magst du auch was davon essen?«

»Kopf hoch, das wird schon!«

»Nein, nein, nein! Redet mit mir nicht wie mit einem Kranken! Ich sage euch, Nezuko gibt es wirklich! Beim nächsten Wiedersehen wird sie mich mit meinem Namen begrüßen! Ich werde Nezuko später heiraten, ihr jeden Tag Sushi oder Aal servieren und ganz viele schöne Kimonos kaufen! Wir werden für immer glücklich zusammenleben!«

»Ja, ja.«

»Aal mag ich auch sehr gerne.«

»Wir sind immer auf deiner Seite!«

»Kopf hoch!«

Zenitsu fühlte sich geradezu bedrängt von den warmen, freundlichen Blicken seiner Kameraden, als schließlich eine Stimme ertönte: »So, Dreckspack, eure Pause ist rum!«

Uzui kam herangelaufen und ließ sein Bambusschwert in die Handfläche knallen. Der Mann strahlte so viel einschüchternde Autorität aus, dass man kaum glauben mochte, dass er seine Position als Säule wegen körperlicher Überforderung aufgegeben hatte. Er war so munter, dass man sich fragte, wieso er jemals aus dem aktiven Dienst ausgetreten war. Den Nachwuchs zu drangsalieren machte ihm ganz offensichtlich Spaß.

»Ihr lauft jetzt den Berg rauf und runter bis ihr umfallt. Und du, Zenitsu, unterziehst dich einem Spezial-Drill.«

»Was?«

Zenitsu wurde kreidebleich und warf Murata einen hilfesuchenden Blick zu.

Doch die Kameraden, die ihm gerade noch hoch und heilig ihre Unterstützung zugesagt hatten, hatten bereits wie aufgescheuchte Hühner das Weite gesucht.

✻

»Heb ein Onsen aus!«

»Was?«

Zenitsu hatte nicht gewusst, welche unaussprechliche Tortur ihn erwarten würde, und entsprechend Angst gehabt, aber dieser Befehl lag völlig außerhalb seines Erwartungshorizonts. Er hätte nie damit gerechnet, dass Uzui so etwas von ihm verlangen würde.

»Wie bitte?«, fragt Zenitzu. »Entschuldigung, aber ich glaube, ich hatte eben eine akustische Sinnestäuschung.«

»Du sollst ein Onsen ausheben. Bis du fertig bist, gibt es für dich nichts zu essen«, sagte Uzui und warf Zenitsu mit dem gerufenen Befehl »Los, fang an!« einen Spaten zu.

Zenitsu entgegnete reflexhaft mit »Ah, danke« und fing ihn auf. Das abgenutzte Werkzeug war wuchtig und schwer. Zenitsu sah den Spaten ein Weilchen an.

»Hä?« Schließlich riss er beide Augen auf und wiederholte: »Häääh?«

Dann ließ Zenitsu einen Redeschwall los: »Was reden Sie da? Sind Sie noch ganz bei Trost? Ich soll ein Onsen ausheben? Das ist ja wohl nicht so einfach, oder? Wollen Sie mich ärgern, oder was? Wenn Sie mich ärgern wollen, dann gehe ich jetzt direkt nach Hause. Vielen Dank und auf Wiedersehen.«

Dann wandte Zenitsu der ehemaligen Säule den Rücken zu. Er war sicher, dass Uzui nun fuchsteufelswild werden und losbrüllen würde, doch dieser sagte nur scheinbar teilnahmslos: »Aha.«

Uzui ließ weder eine Schimpfkanonade los noch sein Bambusschwert auf Zenitsus Kopf niedergehen.

Oh Mann, was ist jetzt los? Er verhält sich völlig unerwartet … Das ist ja gruselig!

Da eine Uzui-typische Reaktion ausblieb, blickte Zenitsu sich besorgt um. Uzui zwinkerte bedeutungsvoll. Selbst mit Augenklappe war er noch ein unverschämt gut aussehender Mann.

»Ach, das ist ja schade. Für den Fall, dass du auf eine heiße Quelle stößt, wollte ich nämlich ein gemischtes Bad daraus machen.«

»Ein ge-ge-ge-ge-ge-gemischtes Bad?« Zenitsu reagierte verschreckt. »Ein ge-ge-gemischtes Bad, das heißt … Hm? Was? Sie meinen, da steigen Männer und Frauen gemeinsam ins Wasser? So ein traumhaftes Bad?«

»Ja.« Uzui nickte gelassen. Als Zenitsu das sah, säuselte er verzückt: »Ein gemischtes Bad … mit Mädchen zusammen …« Dann kam er wieder zu sich.

»Aha, ich verstehe. Alles klar«, sagte er, plötzlich ernüchtert. »Fast wäre ich Ihnen wieder auf den Leim gegangen. Hier sind doch nur die vergammelten Jungs aus der Säulen-Übung. Mit denen zu baden, nee danke, das ist doch witzlos«, sagte Zenitsu kühl und setzte seinen Weg fort. Doch dann …

»Hinatsuru«, wisperte Uzui. Zenitsu blieb verwundert stehen.

»Makio … Suma …«, zählte Uzui die Namen seiner Ehefrauen auf. Zenitsu verschlug es die Sprache. Uzui lächelte verschmitzt: »Die drei sind auch hier, das weißt du doch? Du hast doch auch schon von den Speisen gegessen, die sie gekocht haben!«

Frau Hinatsuru … Frau Makio … Frau Suma …

Alle drei Kunoichi* hatten natürlich hübsche Gesichter, aber auch außerordentlich betörende Körper. Sie waren groß, schlank und von wohlgeformter, kurviger Figur.

»Sie lieben es, in einem Onsen zu baden.«

»A-aber sie werden doch sicher eh in ihrer Ninja-Kleidung baden, hab ich recht? Schon gut, ich habe verstanden. Ich weiß, wie Sie sich das denken, ich habe Sie durchschaut!«

Zenitsu verbarg geflissentlich seine innere Erregung und spielte den Abgeklärten, doch …

»Was? Natürlich steigen die nicht angekleidet ins

* *Ninja-Frauen*

Wasser. Ninja hin oder her, die baden nackt, verstehst du, nackt!«

Zenitsu horchte auf, und auf einen Schlag war seine Abgeklärtheit beim Teufel. Er stürzte auf Uzui los, fast als wollte er ihn an beiden Händen fassen.

»Herr Uzui! Nein ... Sehr geehrter Meister Uzui!«

»Rück mir nicht so auf die Pelle! Und? Machst du es jetzt oder nicht?«

»Natürlich führe ich Ihren Auftrag aus, mit Freuden!«, rief Zenitsu heftig atmend und mit blutunterlaufenen Augen. Uzui hätte ihm nun befehlen können, ihn als Gott zu verehren, und Zenitsu würde ihm gehorchen.

Zusammen mit Frau Hinatsuru, Frau Makio und Frau Suma im gleichen Onsen baden ... hi hi hi!

Dieses nie erlebte Paradies malte Zenitsu sich in seiner Fantasie aus, packte den Spaten fest am Schaft und lächelte schlaff.

In diesem Lächeln zeigte sich seine notorische Schwäche für schöne Frauen, doch gerade dieses Gesicht war verantwortlich dafür, dass er bei selbigen nicht besonders gut ankam ...

»Also, Tanjiro! Ich benutze mein Gehör, und du versuchst, mit deiner Nase ein Onsen aufzuspüren! Huch? Ah, Tanjiro ist ja gar nicht da …«

Zenitsu hatte gewartet, bis Uzui außer Sichtweite war, und sich dann nach rechts gewandt, doch es war vergeblich … Erst dann fiel ihm ein, dass Tanjiro abwesend war. Sein Kamerad, der gerade erst gegen die Zunehmende Vier gekämpft und dabei mehrere Knochenbrüche erlitten hatte, war noch in der Erholungsphase. Mit seinem liebenswürdigen Charakter und den Eigenschaften eines großen Bruders hatte er Zenitsu immer wieder aus der Patsche geholfen. Das hatte zur Folge, dass Zenitsu sich nun bei jeder Gelegenheit auf Tanjiro verließ. Und wenn dieser nicht da war …

»Mist. Gibt es nicht irgendjemand anderen?«

Sowohl um unter der Erde ein Onsen zu lokalisieren, als auch für die Arbeit des tatsächlichen Aushebens war er auf fremde Hilfe angewiesen.

Ich brauche Hilfe! Ich weiß nicht, ob ich es alleine schaffe, einfach so ein Onsen aufzuspüren!

Es sollte auf jeden Fall jemand sein, der über ein ähnlich gutes Sinnesorgan wie Tanjiro oder er selbst verfügte.

Kaum hatte er diesen Gedanken gefasst, kam aus dem nahen Gebüsch raschelnd ein großes Wesen hervorgesprungen.

»Uooooh!«

»Uwah?«

»Hals über Kopf! Hals über Kopf!«

Zenitsu hatte mit einem wilden Tier gerechnet, aber es war nur Inosuke. Vielleicht hatte es ihm nicht gereicht, den Berg rauf und runter zu rennen, jedenfalls hatte er nun ein offenbar selbst gebasteltes Tragegestell mit einem großen Stein auf dem Rücken.

»Ach, du bist's, Inosuke. Erschreck mich doch nicht so! Läufst du auch den Berg rauf und runter? Und dann auch noch mit so einem riesigen Stein auf dem Rücken! Ich dachte, dir wäre gesagt worden, dass du schon zur nächsten Säule gehen kannst?«

»Ja, das war heute Morgen.«

»Und? Worauf wartest du? Geh zur nächsten Säule!«

»Zuerst muss ich einen Vergeltungsschlag gegen den Gott der Feste ausführen, sonst ärgere ich mich schwarz.« Inosuke ballte die Faust. »Wenigstens einen Faustschlag will ich dem verpassen!«

Der denkt immer noch, dass Uzui der »Gott der Feste« ist!

Zenitsu war entnervt. Inosuke unterzog sich trotz offiziellem Abschluss seiner Übungen bei der aktuellen Säule freiwillig weiterer Übungen, und dieser Übereifer widerte Zenitsu an. So wie Tanjiro war auch Inosuke fürchterlich engagiert. Nicht, dass er selbst besonders defätistisch gewesen wäre – die anderen beiden waren einfach nur erschreckend enthusiastisch bei der Sache.

»Du bist wirklich seltsam. Mit dir stimmt was nicht.«

»Und du? Wieder am Faulenzen?«

»Überhaupt nicht! Uzui hat mir eine Spezialübung aufgebrummt, ich soll ein Onsen ausschaufeln«, seufzte Zenitsu.

»Onsen?«, fragte Inosuke verwundert zurück und betonte das Wort falsch.

»Ja, ein Onsen. Du sprichst das Wort falsch aus.«

»Was soll das sein, ein Onsen? Von wegen ausschaufeln … Ist das so was wie ein Bambussprössling? Schmeckt der gut?«

»Was, du weißt nicht, was ein Onsen ist? Ein Onsen, verdammt!«

»Ich hab noch nie einen gegessen.«

»Du kennst Ausdrücke wie ›Vergeltungsschlag‹ und uralte, in uraltem Japanisch verfasste Lieder, aber weißt nicht, was ein Onsen ist? Du bist so was von seltsam. Ein Mysterium. Deine ganze Existenz ist ein einziges Rätsel.«

»Laber nicht, gib mir endlich einen davon zu essen, Depp-itsu!«

»Erstens ist ein Onsen nichts zum Essen, und zweitens heiße ich nicht Depp-itsu. Ein Onsen ist eine heiße Quelle, die aus der Erde hervorströmt. Das Wasser ist schön warm und angenehm. Und dazu kommt, dass es ein gemischtes Bad wird, das bedeutet höchste Glückseligkeit! Ein gemischtes Bad ist wie ein Traum … wie ein großes Badehaus.«

»Baden in gemischtem Salat? Wie soll das gehen? Bist du blöd im Kopf?«

»Das sagt der Richtige! Ich sprach nicht von gemischtem Salat, sondern von gemisch…«, entgegnete Zenitsu und hielt plötzlich inne.

»Gemisch?« Zenitsu starrte Inosuke wortlos an.

Da war sie, die Lösung! Inosuke war etwa so stark wie Tanjiro, und er war ein Mensch – oder besser gesagt ein Wildschwein – mit scharfen Sinneswahrnehmungen. Inosuke war zwar kein völlig überraschendes Geschenk des Himmels, aber einen geeigneteren Kandidaten als ihn würde Zenitsu nicht finden.

Obwohl …

Tanjiro war so nett und hilfsbereit, dass er Zenitsus Bitte sofort freudig erfüllen würde. Für Inosuke dagegen galt das keineswegs. Er hörte anderen grundsätzlich nicht richtig zu. Es war beängstigend. Wenn er Inosuke um Hilfe bäte, würde dieser bestimmt nicht einwilligen.

»Gemisch? Was für Gemisch?«

Zenitsu dachte lange angestrengt nach, hatte dann eine Idee und sagte: »Hör mal, Inosuke … Du willst doch stärker werden?«

»Hä? Na klar, jeder will stärker werden! Das versteht sich doch von selbst. Schließ nicht von dir auf andere, du Weichei!«

Normalerweise hätte Zenitsu jetzt gereizt einen verbalen Gegenschlag ausgeführt, doch in diesem Fall nickte er mehrmals mit ernstem Gesichtsausdruck.

»Dann solltest du so schnell wie möglich in ein Onsen steigen«, verkündete Zenitsu resolut, doch Inosuke legte fragend seinen Wildschweinkopf zur Seite: »Hä? Wieso wird man stärker, wenn man in ein Bad steigt? Bist du jetzt völlig übergeschnappt?«

»Nicht gewusst, Inosuke? Ein Onsen hat verschiedene positive Wirkungen, und ein Onsen, das hier in den Bergen schlummert, hat ganz besonders viel von einem stärkenden Bestandteil!«

»Ein Bestandteil, der stärker macht, wenn man ins Bad steigt?«

Inosuke schluckte laut und vernehmlich. Sein Interesse an dem Onsen war nun offensichtlich rapide gestiegen.

»Und so was gibt es wirklich?«

»Ja, gibt es!«

»Und wenn ich in das Bad steige, werde ich stärker als der Gott der Feste?«

»Ja! Der Alte kann dir danach nicht mehr das Wasser reichen!«

»Und werde ich auch stärker als der Hanhanbaori?«

»Hanhanbaori? Ich habe zwar keine Ahnung, wen du damit meinst, aber auch den wirst du dann sicher besiegen können. Also lass uns gleich mit dem Graben anfangen! Um das gemischte … ich meine, um unser Bad der Träume zu erschaffen!«

Zenitsus Augen leuchteten, als er seiner Aufforderung durch Lautstärke Ausdruck verlieh. Inosuke schwieg. Für einen Moment befürchtete Zenitsu, dass seine Geschichte doch zu unwahrscheinlich geklungen hatte, doch kurz darauf schallte Inosukes hoch motivierter Ruf durch die Berge im Abendrot: »Also gut! Wir buddeln und graben, was das Zeug hält! Komm mit, Chu-itsu!«

Auch mit Inosukes Gespür und Zenitsus Gehör war es keine leichte Aufgabe, eine unterirdische heiße Quelle zu lokalisieren. Das Areal, das für Uzuis Säulen-Übungen bestimmt war, bestand aus einer unerwartet weitläufigen, schroffen Berglandschaft. Hinzu kam, dass sie nach Entdeckung einer erfolgversprechenden Stelle sehr tief graben mussten, um die potenzielle Quelle zum Sprudeln zu bringen. Und nach etlichen Fehlschlägen waren die beiden mittlerweile völlig entmutigt.

»Was soll das alles? Hier scheint es überhaupt keine Quellen zu geben!«

»Tja, was sollen wir machen? Ich suche ja auch zum ersten Mal nach einer unterirdischen Quelle!«

Inosuke schnaubte verärgert.

»Nicht durchdrehen! Aber ich verstehe dich, mir geht's genauso ...«

Unzählige Male hatten sie nun schon vergeblich Erde umgepflügt. Schließlich färbten sich die Berge rot, und bald darauf wurde es dunkel. Zenitsu war der Verzweiflung nahe.

»Heeey! Agatsuma! Wo bist du?«

»Hm? Das war Murata!«

Zenitsu erkannte die Stimme und stand auf. Er winkte mit beiden Armen in die Richtung, aus der die Stimme gekommen war, und auch Murata und seine zwei Begleiter, schwer bepackt, winkten in Zenitsus und Inosukes Richtung.

»Tut mir leid, dass wir vorhin ausgebüxt sind.«

»Aber wir hatten solche Angst vor der ehemaligen Säule des Klangs!«

»Hier, wir haben etwas Essen herausgeschmuggelt. Stärk dich erst mal!«

»Murata ... Danke euch allen!«

Zenitsu zog schniefend die Nase hoch. In den Einwickeltüchern waren zehn große Onigiri-Reisbällchen.

»Wir haben auch kaltes Wasser dabei.«

Zenitsu seufzte erleichtert, nahm das Bambusgefäß entgegen und brach vor Rührung in Tränen aus. Einige Zeit zuvor hatte er sie noch innerlich verflucht: *Erst machen sie große Sprüche, und dann verziehen sie sich! Diese herzlosen Schufte sollen zur Hölle fahren!* Doch nun merkte er, dass sie im Grunde gute Kerle waren.

Dankbar führte Zenitsu ein Onigiri zum Mund. Das Reisbällchen war zu lose geformt und ziemlich salzig, aber für die ausgelaugten Körper der Quellensucher jetzt genau das Richtige. Inosuke stopfte sich gleich zwei auf einmal in die Backen.

»Ah, sind die Onigiri lecker!«

Außer den Reisbällchen hatten die Jungs auch eingelegten Rettich und in Sojasoße gekochte Meeresfrüchte mitgebracht.

»Aber wie habt ihr es geschafft, das alles herauszuschmuggeln?«

»Na ja, wir haben Frau Suma gefragt. Sie darum zu bitten, war am einfachsten.«

Frau Suma war auf charmante Art leicht tollpatschig und hatte eine warmherzige Ausstrahlung.

»Na los, esst und kommt wieder zu Kräften! Ich weiß zwar nicht, was ihr hier machen müsst, aber mit leerem Magen geht es ja wohl nicht so gut!«

»Vielen, vielen Dank!«

Zenitsu und Inosuke verbeugten sich erneut.

»Schon gut!«

»Wir sind doch Freunde!«

»Zeigt der Ex-Säule mit den drei hübschen Ehefrauen, was eine Harke ist!«

Die gutmütigen älteren Kameraden unterhielten sich noch ein Weilchen und verabschiedeten sich dann.

Auch nachdem die drei gegangen waren, war Zenitsu noch eine Zeitlang ganz gerührt. Er hatte gerade sein erstes Onigiri aufgegessen und streckte die Hand nach dem letzten noch verbliebenen Reisbällchen aus. Doch im gleichen Moment ertönte aus der Richtung von Inosuke, der bereits acht Onigiri verschlungen hatte, ein markerschütterndes Knurren, und Zenitsu zog reflexhaft die Hand zurück.

»Sag mal, hast du nach acht Onigiri etwa immer noch Hunger?«, fragte er verblüfft und zeigte sich dann von seiner sonst selten gesehenen großzügigen Seite: »Na gut, dann iss das letzte auch noch. Ich hab nur das gemi... das Onsen im Kopf und keinen großen Appetit mehr.«

»Wovon sprichst du? Das war nicht ich!«

»Was? Aber das Knurren eben ...«

Zenitsu legte fragend den Kopf zur Seite. Dann war erneut ein lautes Knurren zu hören, und die Quelle des Geräuschs lag diesmal eindeutig hinter Inosuke.

»Wa... Ist das etwa ein ...«

Furchtsam sah Zenitsu in die Richtung, von der das Knurren gekommen war. Hinter dunklen Bäumen stand ein riesiger Bär. Er war doppelt so groß wie ein normaler Bär, eines seiner Augen wurde durch eine ältere Wunde verdeckt, und aus beiden Seiten seiner Schnauze strömte wasserfallartig Speichel.

»Gyaaaaaaah!«

»Reg dich ab! Einen Bär von dem Format hab ich in Nullkommanix erledigt!«

Doch die Worte des verlässlichen Kameraden erreichten Zenitsu Ohren nicht, denn dieser war völlig aus der Fassung geraten.

»I-i-i-i-ich schmecke nicht gut! Das meine ich ernst! Ich bin ganz sicher ungenießbar! Inosuke auch! Der besteht nur aus steinharten Muskeln! Gyaaah!«

Zenitsu stürmte auf einen großen Baum in der Nähe zu und kletterte an ihm hoch.

»Han-itsu! Der Baum da ist ...«, schrie Inosuke mitten im Kampf mit dem riesigen Bären.

»Hm?« Zenitsu kam zur Besinnung. »Was? Was ist?« Und dann schwankte alles um ihn herum.

»... innen ganz verfault!«, vervollständigte Inosuke seinen Warnruf.

»Sag das doch gleich! Uwaaaaah!«

Weinend stürzte Zenitsu zusammen mit dem morschen Baum zu Boden.

»Auaaa!«

Zenitsu stand auf und hielt sich die Schulter. Dann hörte er ein unangenehmes Surren. Es kam eindeutig von Insektenflügeln. Zenitsu schwieg und sah furchtsam in die Richtung, aus der das Surren kam. Im Stamm des umgestürzten Baumes war ein Wespennest, und Zigtausende wütende Wespen schwärmten aus ihm heraus.

Zenitsu schrie wie von Sinnen.

»Wenn ich den Bären hier besiegt habe, kümmere ich mich um dich! Bis dahin töte sie eine nach der anderen!«, rief Inosuke.

»Bist du verrückt? Das sind Wespen! Die stechen mich tot! Ich sterbe!«

»Die Männchen haben keine Giftstacheln. Töte zuerst die Weibchen! Na ja, Männchen gibt es eh nur wenige.«

»Wie soll ich denn Männchen und Weibchen unterscheiden? Nie im Leben kann ich das!«, schrie Zenitsu aus Leibeskräften. Gerade in diesem Moment hatte Inosuke den Bären zu Boden geworfen, und Zenitsu packte kräftig den Arm seines Kameraden und suchte schnurstracks mit ihm das Weite.

Ohne genau zu wissen, wohin sie liefen, stürmten die beiden durch den dunklen Wald, bis sie schließlich den Bären und die Wespen abgehängt hatten. Zenitsu sank völlig außer Atem zu Boden und keuchte heftig. »Ah, ich dachte schon, ich sterbe! Ich dachte wirklich, mein letztes Stündlein hat geschlagen! Ein Glück, dass wir leben! Danke, Nezuko! Danke, dass du mich gerettet hast!«

»Wieso hast du mich weggezogen?«, herrschte Inosuke ihn an.

Flucht vor dem Feind verstieß wohl gegen Inosukes Stolz und Würde. Er war fuchsteufelswild, kurz davor, auf Zenitsu loszugehen.

»Ich hätte den Bären und die Wespen alle besiegt! Was fällt dir ein, mich wegzuziehen?«

»Ach so ja, du hättest sie sicher alle besiegt. Du bist ja schließlich der König der Berge. Aber ich war ja schuld, dass die Wespen aus dem Baum kamen. Ich wollte nicht auch noch schuld daran sein, dass du dich verletzt! Das verstehst du doch?«

Inosuke schwieg.

»Deswegen bin ich mit dir geflohen. Ja, ja, das war nicht richtig. Es tut mir leid. Es war unüberlegt von mir.«

Ein Weilchen später rastete Inosuke völlig aus, und Zenitsu verstand nicht, warum: »Laber mich nicht voll mit deinem wachsweichem Geschwätz, du Schwächling! So-jiro und du auch, ihr benutzt jede Gelegenheit, mir mit so Gefühlsduseleien zu kommen! Wenn du das noch mal machst, bring ich dich um!«

»Hä?«

Zenitsu wunderte sich, dass trotz Inosukes Tirade keinerlei ernsthaft wütender »Ton« von ihm ausging. Vielmehr zeugte dieser Ton von Verwirrung und Unsicherheit, er klang merkwürdig kindlich und schrecklich störrisch.

Was ist nur los mit ihm? Der Kerl ist wirklich seltsam.

Zenitsu hatte die Nase voll. *Wenn Tanjiro jetzt hier wäre, würde er Inosuke sicher geschickt beruhigen. Ich bin irgendwie so müde ...*

Zenitsu legte sich auf den Rücken. Durch die Bäume hindurch konnte er viele Sterne sehen. Wie ging es Tanjiro wohl nun? Hatte er sich inzwischen ein wenig erholt?

Er hat gekämpft, bis ihm alle Knochen brachen! Er ist wirklich der Wahnsinn!

Wenn sie ein Onsen entdeckten, würden Tanjiros Wunden darin geheilt werden können? Wenn die heiße Quelle eine solche Heilwirkung hätte, wollte Zenitsu unbedingt, dass Tanjiro dort badete. Als er so vor sich hin sinnierte, hörte er etwas leise plätschern. Er richtete sich abrupt auf und hörte genau und konzentriert hin. Und er hatte sich nicht getäuscht.

Das ist doch …

Zenitsu sah zu Inosuke hinüber. Inosuke spürte den Blick und nickte: »Hast du's auch bemerkt, Monitsu?«

»I-Inosuke … Könnte es sein, dass das …«

Zenitsus Stimme klang schrill vor Hoffnung.

»Ich hab es vor dir erkannt!«

Inosuke warf sich stolz in die Brust.

✵

»Ach … Das habt ihr ja tatsächlich gut hingekriegt.«

Angesichts der sprudelnden Quelle zeigte Uzui in einer seltenen Anwandlung von guter Laune den beiden lehmbesudelten Jungs seine Dankbarkeit. Die Quelle war zwar vergleichsweise seicht, doch Zenitsu und Inosuke hatten ziemlich tief graben müssen, um sie freizulegen, und dabei waren sie von oben bis unten schmutzig geworden. Der östliche Teil des Himmels wurde gerade wieder heller.

Makio, Hinazura und Suma, Tengen Uzuis drei Ehefrauen, erhoben lebhaft ihre Stimmen.

»Gut gemacht!«

»Mensch, ihr habt wirklich eine heiße Quelle entdeckt!«

»Wie lange habe ich wohl schon nicht mehr in einem Onsen gebadet?«

»Wah! Tengen! Lass uns alle zusammen ins Wasser steigen, ja? Ja?«

Offenbar hatten sie tatsächlich eine Schwäche für Onsen. Sie schienen so begeistert, dass sie jeden Moment ihre Kleidung abstreifen und ins Wasser steigen würden.

Jetzt endlich … endlich kann ich mit schönen Kunoichi ins gemischte Bad …

Zenitsus Herzschlag beschleunigte sich. Wenn er jetzt nicht aufpasste, würde ihm vor lauter Erregung Blut aus der Nase spritzen.

»Ich gehe zuerst rein!«, verkündete Inosuke laut.

»Dann werde ich super-stark und besiege Sie, Gott der Feste!«

»Was? Du und super-stark werden? Was redest du da?«

Inosuke nahm eine seltsame Pose ein und zeigte mit dem Finger auf Uzui, der ein ungläubiges Gesicht machte und fragte: »Bist du noch ganz bei Trost?«

»Und Sie, was reden Sie da? Im Onsen wird man doch super-stark!«

»Hä, was?«

Als Zenitsu, der sich gerade verzückt Szenen des gemischten Badens ausmalte, diesen Dialog hörte, wurde er plötzlich bleich. Dass er Inosuke mit der Aussicht, durch das Bad im Onsen stärker zu werden, gelockt und zur Hilfe überredet hatte, war ihm gänzlich entfallen.

»Lassen wir das Thema doch beiseite und steigen erst mal ins Wasser!«

Zenitsu versuchte behutsam, die Situation zu entschärfen, doch Uzui ließ nicht locker: »Durch Baden im Onsen wird man doch nicht stärker! Stimmt was nicht mit deinem Kopf?«

Dann folgte ein Moment der Stille.

Uwah! Er hat es gesagt! Der Alte hat es deutlich gesagt! Hätte er das nicht taktvoll verschweigen können?

Zenitsu wusste nicht mehr weiter. Inosuke erstarrte.

»I-inosuke ...?«

Als Zenitsu erschrocken den Namen des Kameraden aussprach, ließ dieser seine Wildschweinaugen funkeln.

»Waaah!«

»Kerl! Sag mal, hast du mir etwa einen Bären aufgebunden?«

»Uah! Aber nein!«

Inosukes Stimme war zornig wie noch nie, sodass Zenitsu zusammenzuckte.

»Wenn du gelogen hast, bring ich dich auf der Stelle um!«

»Nein, Inosuke! Damit hat es eine tiefe Bewandtnis ...«

Zenitsu war kreidebleich und kalter Schweiß tropfte von seiner Stirn, während er zurückwich. Dann rutschten ihm die Füße weg.

»Hey, Zenitsu! Wo du gehst ist das Moss nass, also pass auf!«

Uzuis Stimme klang weit, weit weg. Um Zenitsu herum drehte sich alles. Er fiel so unglücklich auf den Rücken, dass sein Kopf an einen Felsblock stieß und er ohnmächtig wurde.

»Das also ist ein Onsen. Das fühlt sich ja viel besser an als ein Wannenbad.«

Inosuke saß bis zu den Schultern im Wasser und genoss das Bad. Dass er gerade noch extrem zornig auf Zenitsu gewesen war, hatte er völlig vergessen.

»Bade nicht zu lange, sonst steigt dir die Hitze zu sehr in den Kopf«, warnte ihn Uzui.

»Schnauze! Kommandieren Sie mich nicht rum!«, erwiderte Inosuke und begann zu schwimmen.

»Mistkerl!«

Uzui schnalzte missbilligend mit der Zunge, doch in den Augen seiner Frau Hinatsuru schien er nicht allzu wütend zu sein.

»Sag, Hinatsuru, wie geht es dem anderen Vollidioten da inzwischen?«

»Er ist noch nicht aufgewacht. Er hat sich ja den Kopf angeschlagen, ich denke, wir sollten noch ein bisschen abwarten.«

Zenitsu lag immer noch bewusstlos auf dem Erdboden. Mit seinem gelegentlich gestöhnten »Gemischtes Bad …« erregte er das Mitleid der Anwesenden.

»Wo sind Makio und Suma?«

»Sie sind zurückgegangen, um Frühstück für uns alle zuzubereiten. Noch mal in das Onsen steigen wollen sie erst am Abend, sagten sie. Tengen, es wird langsam Zeit …«

»Ja.«

Auf Hinatsurus behutsamen Hinweis hin nickte Uzui leicht. Dann sah er wieder zu Inosuke, der sich im heißen Wasser vergnügte.

»Ich gehe zurück, um den Rest der Bagage zu trainieren. Wildschwein, du wirst zur nächsten Säule gehen. Nimm dann auch diesen Idioten mit.«

»Ich geh erst, wenn ich Sie besiegt habe, Gott der Feste!«

»Ha! Komm in zehn Milliarden Jahren wieder«, schnaubte Uzui. Hinatsuru wischte Zenitsus Stirn mit einem kühlen Handtuch ab und betrachtete dabei das ebenmäßige Profil ihres Mannes. Seine gute Laune war sicher nicht ausschließlich auf das Bad im Onsen zurückzuführen. Als sie ihn beim Namen rief, drehte sich Uzui träge zu ihr um.

»Was gibt's, Hinatsuru?«

»Das mit dem Onsen war nur ein Vorwand, richtig? Du wolltest die Körperkraft des Jungen stärken, nicht wahr?«

»Ja«, entgegnete Uzui gelassen. Das überraschte Hinatsuru sehr, denn sie hatte erwartet, dass er dies vehement bestreiten würde. So, wie sie ihn kannte, würde er so etwas nicht einfach so zugeben. »Weil der Idiot keine Gelegenheit zum Faulenzen auslässt. Ich hatte zwar nicht damit gerechnet, dass das Wildschwein ihm unter die Arme greift, aber die zwei waren ein erstaunlich gutes Team.«

Hinatsuru betrachtete ihren fröhlich plaudernden Mann, als sähe sie ihn zum ersten Mal.

»Diese drei sind meine hervorragenden Tsuguko!«

An diese Worte, die ihr Mann in einer Seitengasse von Yoshiwara gesprochen hatte, musste Hinatsuru nun wieder denken. Aus irgendeinem Grund war sie damals den Tränen nahe gewesen. Tengen Uzui hatte zu dieser Zeit seinen aktiven Dienst als Säule beenden müssen, weil er einen Arm und ein Auge verloren hatte, doch er hatte niemals Tsuguko gehabt, denen er all seine Techniken hätte vermitteln können. Er hatte die Arbeit eines Ninja auf sich genommen und immer wieder Dämonen getötet, um Menschenleben zu retten. Doch dass er in seinem letzten Kampf diese drei Jungs bei sich gehabt hatte, freute Hinatsuru sehr.

»Wenn die Jungs wirklich deine Tsuguko werden könnten …«, entfuhr es Hinatsuru. Ihr Mann war ein wenig überrascht, sah sie an und lächelte dann fast unmerklich. Sein Lächeln schien ihr zu bedeuten, dass sie Unsinn geredet hatte, und so versetzte es ihr einen leichten Stich ins Herz.

»Ich bin nicht so ein patenter Mensch, dass ich andere aufziehen könnte. Ich bin nicht wie Rengoku oder Kocho.«

Die Stimme ihres Mannes klang sanft und ein bisschen traurig.

Tengen … Er ist eigentlich ein sehr sensibler Mensch, dachte sie manchmal. *Wenn er nicht als Ninja aufgewachsen und von klein auf gezwungen worden wäre, Menschen zu töten … wenn er wie ein normaler Mensch im Licht des Tages hätte leben können …*

Im Grunde ist er sicher ein sehr liebenswürdiger Mensch.

Aber bist du nicht schon längst dabei, Nachfolger aufzuziehen? Die Jungs, die mit dir zusammen kämpften, härtest du auf deine Art ab, damit sie den kommenden Auseinandersetzungen, die sicher an Härte zunehmen werden, gewachsen sind.

Doch Hinatsuru behielt ihre Gedanken für sich und sagte nichts zu Uzui.

Vor seiner letzten Mission hatten sie sich unter dem blutroten Himmel etwas geschworen: Wenn alles vorbei war, würden sie als normale Menschen im Licht der Sonne leben. Auch wenn sie diesmal jemanden verloren, würden sie nicht grollen. Doch alle hatten überlebt. Und es gelang Uzui, diese Jungen zu stählen, die die zukünftigen Hoffnungsträger der Demon-Slayer-Truppe sein würden. Das war genug.

»Hey! Du bist doch sicher schon total erhitzt! Steig endlich aus dem Wasser, du Idiot!«

»Schnauze! Ich hab gesagt, kommandieren Sie mich nicht rum!«

»Uh ... gemischtes ... Bad ... mein ... gemischtes Bad ...«

Auf Uzuis gereizte Anordnung reagierte Inosuke, der schon rot wie ein Krebs war, mit gestöhnten Widerworten, und selbst Zenitsu delirierte vor sich hin.

»Verdammt, mit euch hat man wirklich seine liebe Not. Geht endlich zu Tokito, na los!«

Hihi ...

Hinatsuru setzte ein kleines Lächeln auf und schloss die Augen. Und ihr war, als würde sie hinter ihren Augenlidern die drei ein wenig stärker gewordenen Jungs und an deren Seite ihren Mann sehen können, wie er in der Rolle des erfahrenen Ruheständlers lachend deren Unzulänglichkeiten monierte.

KAPITEL 3

Mitsuri Kanrojis Geheimnis

Bei unserer ersten Begegnung war ich hin und weg von ihrer Schönheit. Shinobu hat schneeweiße Haut und violette Augen, sie ist schlank und wunderbar hübsch. Und sie behandelt alle Menschen gleichermaßen freundlich und liebenswürdig. Doch gegen Dämonen braut sie Gifte zusammen. Sie ist stark und klug, hübsch und kultiviert ... kurz, eine wunderbare Frau. Ich hoffte, mich mehr mit ihr anfreunden zu können. Wir sind ja beide Frauen und haben uns sicher viel zu erzählen.

Als ich daher zufällig von ihrer Vergangenheit erfuhr, wusste ich gar nicht, was ich denken sollte.

»Frau Kochos Eltern wurden vor ihren Augen von einem Dämon getötet. Und dann verlor sie auf die gleiche Art auch noch ihre ältere Schwester Kanae ...«

Ah ... Das war mir neu, Shinobu. Das wusste ich wirklich nicht.

»Weißt du, ich bin in die Demon-Slayer-Truppe eingetreten, um einen guten Ehemann zu finden. Eine Frau will ja einen Mann, der stärker ist als sie selbst, nicht wahr? Eine Frau will beschützt werden. Findest du nicht auch, Shinobu?«

Wenn ich von Shinobus Schicksal gewusst hätte, hätte ich bestimmt nicht so oberflächlich über meine Motivation gesprochen. Dann hätte ich das sicher nicht gesagt. Wie idiotisch von mir! Wie muss Shinobu sich in dem Moment gefühlt haben? Sie hatte zunächst ein wenig überrascht geschaut, aber dann ihr typisches freundliches Gesicht gemacht und gesagt: »Hm, ich weiß nicht ... Aber ich bin sicher, dass du einen wunderbaren Mann finden wirst, Kanroji!« Und dann hatte sie gelächelt.

Aber die Situation war sicher furchtbar für sie. Bestimmt war sie wütend. Vielleicht dachte sie, dass sie mit einer blöden Kuh wie mir nichts zu tun haben wollte.

Weißt du, Shinobu, ich ... ich ...

»Stimmt etwas nicht mit Kanroji?«, fragte Shinobu Kocho ihren unangekündigten Besucher. Sie hielt sich gerade im Behandlungszimmer des Schmetterlingsanwesens auf, wo sie als Säule der Insekten Gifte gegen Dämonen zusammenbraute, aber auch im Kampf verletzte Demon Slayer behandelte und pflegte. Daher kamen in der Regel nur Verletzte hierher. Doch ihr Kamerad und Säule der Schlangen Obanai Iguro, der nun vor ihr stand, hatte nicht einmal einen Kratzer, sondern erkundigte sich besorgt nach Mitsuri Kanroji, der Säule der Liebe.

»Was stimmt denn nicht mit ihr?«

»Gar nichts stimmt mit ihr! Hast du das etwa gar nicht bemerkt?«, fragte Iguro zurück und sah Shinobu fast vorwurfsvoll an. Die um seinen Hals gewickelte Schlange streckte wie auf Kommando ihre lange Zunge heraus. So wie andere einen geliebten Hund hatten, hielt Iguro sich eine Schlange mit dem Namen Kaburamaru.

»Hm … Also …«

Shinobu legte nachdenklich einen Zeigefinge auf die Oberlippe und versuchte sich an die letzte Säulen-Versammlung zu erinnern, doch …

»Mir ist nichts an ihr aufgefallen.«

»Wo hast du denn deine Augen? Oder bist du blind und hast deine Augen nur als Schmuck?«, stichelte Iguro und ließ dann ein langes Seufzen hören.

Shinobu verkniff sich die Bemerkung, dass sie ja nicht wie er in Briefkontakt mit Kanroji stand, und sagte nur lächelnd: »Tut mir leid.«

Obwohl die Dämonen nur nachts aktiv sind, gehen die Säulen Tag und Nacht gewissenhaft ihrer verantwortungsvollen Arbeit nach und sind immer sehr beschäftigt. Iguro war also nicht aus Langeweile oder zum Spaß zum Schmetterlingsanwesen gekommen. Trotz des ersten äußeren Eindrucks, den Iguro bei Fremden hinterließ, war er doch sehr um das Wohl seiner Kameradinnen und Kameraden besorgt.

»Magst du mir erklären, was neuerdings so komisch an Kanroji ist, Iguro? Zumindest, was dir an ihr aufgefallen ist?«, fragte Shinobu erneut.

Iguro nickte folgsam und antwortete: »50 Stück.«

»Bitte?«

»Sonst hat sie immer 100 Klöße gegessen, aber neuerdings isst sie nur 50 Stück. Verstehst du? Die Klöße, die sie doch so liebt!«

Shinobu fiel dazu nichts mehr ein. Iguro starrte sie mit blutunterlaufenen Augen so penetrant an, dass sie reflexhaft zurückwich. Iguro dagegen beugte sich weiter vor.

»Außerdem sind ihre Antwortbriefe an mich extrem schroff und unfreundlich. Sie schreibt schrecklich schlicht und förmlich. Warum? Da stimmt was nicht. Das ist alles so seltsam.«

Shinobu kehrte Iguro den Rücken zu. »Aoi! Herr Iguro möchte nach Hause gehen«, rief sie aus dem Behandlungszimmer heraus. Zu Iguro fügte sie hinzu: »Da ist die Tür.«

Doch ihr Säulenkollege ignorierte ihren Spott und fuhr fort: »Und das ist noch nicht alles. Bei der letzten Säulen-Versammlung hat Kanroji keiner von uns Säulen ins Gesicht geschaut, selbst dem Blick des gnädigen Herrn ist sie ausgewichen!«

Shinobu sah ihren Gast erstaunt an. Alle Säulen hatten nur Hochachtung und Respekt für ihren gnädigen Herrn Kagaya Ubuyashiki und verehrten ihn aus tiefstem Herzen. Wie alle anderen bewunderte auch Mitsuri ihn sehr. Soweit Shinobu wusste, hatte Mitsuri sich nie einer seiner Entscheidungen widersetzt. Was er sagte, hatte auch für sie oberste Priorität. Und von dieser Respektsperson wandte sie ihren Blick ab? Das war in der Tat merkwürdig.

»Etwas später hat Tokito ein Taschentuch aufgehoben, das Kanroji hatte fallen lassen, und als er sie ansprechen wollte, sprang sie fast bis zur Decke und nahm Reißaus.«

»Stimmt, das ist wirklich seltsam.«

Normalerweise wäre Mitsuri doch ganz gerührt gewesen und hätte sich wortreich und aufrichtig bei Muichiro bedankt.

»War das das erste Mal, dass dir Kanrojis Verhalten komisch vorkam?«

»Nein, etwa zwölf Tage zuvor war sie auch schon seltsam.«

Wie exakt er dieses Datum benennen konnte, wäre eines eigenen Kommentars wert gewesen, doch dass Mitsuri schon seit fast zwei Wochen durch merkwürdiges Verhalten aufgefallen war, war besorgniserregend.

»Vielleicht fehlt ihr körperlich etwas. Ich werde sie vorsichtig diesbezüglich aushorchen, aber achte du auch auf sie, Kocho! Ja?«

Iguro hatte damit alles gesagt, was er hatte sagen wollen, und da er sah, dass Shinobu nickte, machte er auf dem Absatz kehrt und verließ das Schmetterlingsanwesen. Nunmehr alleine im Behandlungszimmer, setzte Shinobu sich auf einen Stuhl. Iguro hätte auch einfach per Verbindungskrähe einen Brief an sie schicken können, statt sich eigens herzubemühen. Dass er Shinobu dennoch aus Sorge um Kanroji einen Besuch abgestattet hatte, empfand sie als herzerwärmend.

»Meine Güte, wenn es um Kanroji geht, lässt Iguro auf einmal alles stehen und liegen!«

Shinobu lehnte sich zurück und seufzte leise. Dann erschien vor ihrem inneren Auge das reizende Gesicht von Kanroji, der derzeit einzigen anderen weiblichen Säule.

»Shinobu, Shinobu!«

Sie war älter als Shinobu, und doch war sie ihr gegenüber zahm wie ein Kätzchen und hatte immer ein unbekümmertes Lächeln für sie übrig. In Gedanken an ihre Säulen-Kollegin schloss Shinobu sanft die Augen. Draußen rauschte der Wind durch die Äste des blütenlosen Kirschbaumes, sodass er schwankte.

Ihr dünnes und biegsames Schwert sauste durch die Nacht, als wäre es ein lebendiges Wesen.

»Liebesatmung, erste Form ... Schaudern der ersten Liebe!«

Ihr Schwert bog sich weit und schnitt das Fleisch des riesigen Dämons rasend schnell in Stücke. Nachdem sein Kopf zu Boden gefallen war, atmete Mitsuri leise aus. Ihr Körper fühlte sich ungewöhnlich schwer an. Auch schien ihr, dass ihr Schwert nicht mehr scharf war. Sie fühlte sich kraftlos und wie benebelt.

»Vielen Dank! Vielen Dank!«

Sie hatte gerade einen Mann und eine Frau gerettet. Der Mann verbeugte sich immer wieder zum Dank, die Frau zitterte und fragte Mitsuri: »Ist alles in Ordnung mit Ihnen?«

»Ja, wieso fragen Sie?«

»Sie ... sind doch verletzt ...«

»Verletzt, ich?«

Mitsuri erkannte, dass die Frau ihre Wange fixierte, und legte den linken Handrücken dort auf. Erst als sie das Blut auf ihrer Hand sah, merkte sie endlich, dass sie verletzt worden war.

»Unseretwegen ... Weil Sie uns beschützt haben ...«

»Vielen herzlichen Dank!«

Die Frau bat Mitsuri um Entschuldigung und weinte. Der Mann verbeugte sich erneut. Mitsuri jedoch wehrte gestikulierend ab.

»Ach was, machen Sie sich nichts draus! Das ist wirklich gar nicht schlimm. Tut mir leid, dass der Kratzer auf meiner Wange Sie erschreckt hat. Ich bin nur froh, dass Sie beide wohlauf sind!«

Mitsuri lächelte, und der Mann war den Tränen nahe.

»Wissen Sie, meine Frau ist schwanger.«

»Ach, tatsächlich? Sie erwarten ein Kind?«

Überrascht sah Mitsuri die Frau an, deren Wangen nass von Tränen waren und die nun auch schüchtern lächelte.

»In drei Monaten ist es so weit.«

Mitsuri sah nun, dass sich der Bauch der Frau in der Tat bereits wölbte.

»Herzlichen Glückwunsch! Dann schonen Sie sich und passen Sie gut auf sich auf!«

Der Mann verbeugte und bedankte sich zum x-ten Mal. Dann verschwand das junge Ehepaar eng umschlungen in der Nacht.

Mitsuri sah ihnen noch ein Weilchen nach, und als sie nicht mehr zu sehen waren, legte sie die Hand aufs Herz, das laut pochte.

Wenn der Dämon statt ihrer Wange, den Bauch der Frau aufgeschlitzt hätte ... Allein bei der Vorstellung bekam Mitsuri Angst. Der Dämon war zwar nicht schwach, aber auch nicht besonders stark gewesen. Normalerweise hätte sie die beiden Angegriffenen retten können, ohne selbst auch nur einen Kratzer davonzutragen.

Dann hätte sich die schwangere Frau nicht um mich sorgen müssen ...

Die feuchte Nachtluft umspielte ihre Wange, und Mitsuri strich sanft mit einem Finger über die Wunde. Schmerz empfand sie so gut wie keinen. Doch sie wurde das Gefühl nicht los, dass aus der klaffenden Wunde etwas Essenzielles heraussickerte ...

Mitsuri seufzte. Sie hatte ihre nächtliche Patrouille beendet, und unter der strahlenden Morgensonne schleppte sie sich nun durch die Straßen. Ihr Körper kam ihr dabei unglaublich schwer vor. Sie betrat ihr Stammlokal und bestellte zum Frühstück Reis mit Tenpura, Buchweizennudeln, gebratenen Fisch und Misosuppe. Das mag wie ein ausgesprochen fürstliches Frühstück erscheinen, aber tatsächlich war es nur ein Zehntel dessen, was sie sonst morgens aß. Schnell wurde Tee serviert, an dem sie zerstreut nippte. Dann seufzte sie erneut.

Nach jenem Ereignis war sie in sich gegangen und hatte sich seither bemüht, über andere Menschen keine leichtfertigen Gedanken zu hegen. Genauer gesagt, sie verbot sich jedes Liebesgefühl. Sie war in die Demon-Slayer-Truppe eingetreten, um einen Mann zum Heiraten zu finden, doch diesen schlechten Grund und alle diesbezüglichen Gefühle lehnte sie nun ab und zwang sich dazu, jeden Tag konzentriert ihren Pflichten nachzukommen. Doch wie zum Hohn passierten nun ständig Dinge, die ihr Herz höher schlagen ließen.

Warum nur? Warum ausgerechnet jetzt?

Sie hätte heulen können. Am Schlimmsten war es bei der letzten Säulen-Versammlung gewesen. Da es unterwegs geregnet hatte, hatte sie sich mit Kyojuro Rengoku, der Säule der Flammen, untergestellt, und er hatte ihr mit den Worten »Pass auf, dass du dich nicht erkältest, Kanroji! Hier!« etwas zum Überziehen gegeben. Dann hatte sie beobachtet, wie Gyomei Himejima, die Säule der Felsen, und Sanemi Shinazugawa, die Säule des Windes, verstohlen ein offenbar herrenloses Hündchen fütterten. Außerdem hatte sie gesehen, wie Giyu Tomioka, die Säule des Wassers, auf der Veranda ein Nickerchen hielt und dann mit einem Ruck aufwachte. Als sie einmal fast gestolpert wäre, hatte Uzui sie mit den Worten »Achtung! Fall nicht!« abgefangen. Und schließlich hatte Iguro ihr von einem neuen Udon-Restaurant erzählt und sie dorthin eingeladen.

Jedes Mal ihre Gefühle der Rührung zu unterdrücken, hatte sie nahezu ausgelaugt. Und so …

»Mitsuri! Hast du irgendwelche Sorgen? Wenn du magst, schütte mir gerne dein Herz aus!«

Selbst der gnädige Herr macht sich Sorgen um mich! Und auf dem Heimweg hat Muichiro nach mir gerufen, aber ich bin ganz schnell weggerannt …

Es war schrecklich. Und nun war sie auch Shinobu gegenüber so nervös, dass sie ihr nicht ins Gesicht sehen konnte.

Was mach ich denn?

Zu allem Übel hatte ein Dämon sie verletzt, der nicht einmal zu den Zwölf Dämonenmonden zählte. Niedergeschlagen ließ Mitsuri den Kopf hängen und aß hastig die von der Bedienung servierte Schale Reis mit Tenpura.

Das kann so nicht in Ordnung sein, oder?

Gedankenversunken nahm sie mit den Essstäbchen ein Stück Tenpura und ließ es aus Versehen in die Schale zurückfallen, die noch zu zwei Dritteln mit Reis gefüllt war. Eigentlich war sie hungrig, hatte aber überhaupt keinen Appetit. Und was sie aß, schmeckte ihr nicht. Es war, als würde sie auf Sand herumkauen.

So etwas hatte sie seit ihrem ersten Treffen mit einem potenziellen Heiratskandidaten, der ihr eine Abfuhr erteilt hatte, nicht mehr erlebt.

»Dein Körper ist ganz normal, aber deine Muskeldichte ist achtmal höher als bei anderen.«

Es war niemand anderes als Shinobu, die ihr dies einmal erklärt hatte.

»Also musst du ordentlich essen. Menschen mit vielen Muskeln haben einen besonders hohen Basisstoffwechsel. Iss mindestens achtmal so viel wie andere Menschen!«

»Aber ich bin doch eine Frau … Wirkt das nicht abstoßend, wenn ich so viel esse? Wird man mich dafür nicht verabscheuen?«

»Kanroji … Wenn dich jemand davon abhalten will, die Nahrung zu dir zu nehmen, die du brauchst, musst du dich nicht mit ihm abgeben. Wenn einer sich deswegen bei dir beschwert, dann …«

Ohne ihr bezauberndes Lächeln zu verlieren, hatte Shinobu die Faust in die Luft geschlagen, also auf einen imaginären Gegner. »Verstehst du?«

»Shinobu …«

Shinobus Worte und ihr Lächeln hatten Mitsuri unendlich gutgetan.

Einige Tage nach diesem Gespräch ging Mitsuri mit Iguro essen und bestellte ängstlich, was sie essen wollte. Unter allen Säulen war Iguro derjenige, der am wenigsten aß. Oft trank er nur Tee und verzehrte dazu lediglich eine Kleinigkeit. Doch er tadelte Mitsuri nicht für die große Menge, die sie zu sich nahm. Im Gegenteil, er bestellte sogar noch eine Extra-Portion für sie.

Die freizügige Demon-Slayer-Uniform war ihr zwar peinlich gewesen, aber sie wie Shinobu vor den Augen des Schneiders zu verbrennen, das hatte sie sich damals nicht getraut. Und es war Iguro gewesen, der ihr daraufhin kurzerhand und ohne viel Aufhebens ein Paar gestreifte Strümpfe gab.

»Ach, da bist du ja, Kanroji.«

Mitsuri hörte eine bekannte Stimme und war ziemlich überrascht, dass es Iguro war, der sie ansprach, denn an ihn hatte sie gerade gedacht.

»I-iguro? Was gibt's?«

»Ich habe dich schon gesucht ... Es gibt etwas, worüber ich mit dir sprechen will.«

Wie selbstverständlich setzte er sich Mitsuri gegenüber und legte aus irgendeinem Grund die Stirn in Falten.

»Kanroji ... Was ist los?«

»Hm?« Reflexhaft sah Mitsuri zur Schale vor sich. »Habe ich etwas verschüttet?«

Oder hatte sie sich beim Essen nicht richtig benommen? Oder war etwa ein Körnchen Reis in ihrem Mundwinkel steckengeblieben? Mitsuri geriet aus der Fassung, doch Iguros Frage bezog sich auf etwas völlig anderes. Seine Stimme war tiefer als der Gefrierpunkt, als er fragte: »Warum ist deine Wange verletzt?«

»Ach, das? Das ist gestern Nacht bei meiner Patrouille passiert, da habe ich nicht aufgepasst ...«, antwortete Mitsuri unsicher, und Iguros Mimik verschärfte sich. Sonst war Iguro immer ein sehr ruhiger, besonnener Mensch, und mit so einem strengen Gesichtsausdruck hatte sie ihn noch nie gesehen. Mitsuri brach kalter Schweiß aus.

Er ist wütend! Sicher hält er mich für unzuverlässig, da ich mich als Säule von einem Dämon, der nicht einmal zu den Zwölf Dämonenmonden zählt, so verletzen lasse. Ob er nun nichts mehr mit mir zu tun haben will?

Mitsuri wäre am liebsten im Boden versunken. Dann stand Iguro ruckartig auf.

»Wo ist er?«

»Huch?« Mitsuri zuckte erschrocken zusammen.

»Wo ist der Abschaum?«

»Was?«

»Der Abschaum, der eine deiner rosigen Wangen verletzt hat!«

»Ah ... Ah ... Was den betrifft ...«

Bevor Mitsuri sagen konnte, dass sie den Dämon bereits besiegt hatte, fuhr ihr Iguro mit wutentbranntem Gesicht über den Mund und knurrte: »Dieser Abschaum verdient tausend Tode! Ich gehe sofort los und mache Hackfleisch aus ihm!«

Er wollte schon aus dem Lokal rennen, doch Mitsuri konnte ihn gerade noch zurückhalten.

»Wa-warte, Iguro! Den Dämon gibt es nicht mehr! Na ja, ich habe ihm gleich an Ort und Stelle den Kopf abgesäbelt. Daher ...«

Iguro schwieg. Dann schien er wieder zu sich zu kommen, und aus seinem kleinwüchsigen Körper wich die Aura der Mordlust. Iguro setzte sich wieder hin. Dann legte er eine Hand auf die Stirn und sagte: »Entschuldige.« Er murmelte noch etwas vor sich hin und schien extrem peinlich berührt. »Da ging meine Wut mit mir durch. Und das mir ...«

»Iguro ...«

Also war er gar nicht wütend auf mich?

Im Gegenteil, er hatte sich Sorgen um sie gemacht. Und das erwärmte ihr Herz.

Wenn sie so zurückdachte, musste sie erkennen, dass Iguro seit ihrem Eintritt in die Demon-Slayer-Truppe immer nett zu ihr gewesen war und sich schon oft um sie gekümmert hatte.

»Kanroji«, sprach er sie nun verlegen an. »Hast du vielleicht irgendwelche Sorgen?«

»Was?«

»Wenn du magst, sprich dich ruhig aus.«

»Iguro …«

»Ich würde dir gerne helfen!«

Mitsuri erschrak. Iguros aufrichtiger Tonfall und sein ernster Blick ließen ihr Herz fast wieder wie wild schlagen, doch genau in diesem Moment erschien Shinobus Gestalt vor ihrem inneren Auge.

»Nein! Nicht!«

»Kanroji?«

Kanroji sprang auf wie von der Tarantel gestochen, und Iguro sah sie bestürzt an. Mitsuri brachte es nicht fertig, ihm direkt ins Gesicht zu schauen.

»I-ich hab was zu erledigen, fällt mir gerade ein! Bitte verzeih, aber ich muss jetzt gehen!«

Mit Mühe brachte Mitsuri diese Entschuldigung vor, drückte dem Wirt das Geld für ihr Essen in die Hand und stolperte hastig aus dem Lokal.

Es tut mir leid, Iguro! Es tut mir so leid!

Dabei hatte er sich so um sie gesorgt und sogar gesagt, dass er ihr helfen wolle.

Aber dann würde ich Iguro gegenüber etwas empfinden!

Wenn sie sich auf ein Gespräch mit ihm einlassen oder gar seinen Rat annehmen würde, brächte sie das in große

Schwierigkeiten. Sie durfte jetzt nicht wie früher auf seine Hilfe bauen!

Mitsuri entfernte sich fluchtartig von dem Restaurant. Als sie es weit hinter sich gelassen hatte, fühlte sie sich schließlich etwas erleichtert.

Ich muss mein Problem alleine lösen. Ich darf mich nicht immer auf Iguro stützen.

Sie schlug sich mit beiden Händen kraftvoll auf die Wangen. Doch die dunkle Wolke in ihrem Kopf wollte sich nicht verziehen.

Und dann, einige Tage später …

Mitsuri seufzte. Ihre besorgniserregend schlechte Verfassung hatte sich nicht gelegt, sondern im Gegenteil täglich verstärkt. Sie atmete ausgesprochen schwer, und ihr Körper schien ihr schwer wie Blei. Vermutlich deshalb schaffte sie es nicht, ihre Liebesatmung ordentlich durchzuführen. Sie war erkennbar schwächer geworden.

Was ist denn nur los mit mir?

Würde sie in dieser Verfassung weiterhin als Säule arbeiten können? Und ausgerechnet in dieser schwierigen Lage sandte Shinobu ihr nun eine Nachricht.

»Kannst du bitte mal zum Schmetterlingsanwesen kommen, wenn du Zeit hast?«

Normalerweise würde sich Mitsuri über eine solche Einladung freuen, aber nun verstärkte sie ihre Sorgen.

Was mag Shinobu denn von mir wollen?

Sie jetzt zu treffen, wäre Mitsuri unangenehm. Aber ignorieren konnte sie die Einladung natürlich nicht. Schweren Schrittes schleppte sich Mitsuri zum Schmetterlingsanwesen. Dann hörte sie eine Stimme hinter sich.

»Ah! Sind Sie nicht die junge Frau von der … Demon-Slayer-Truppe?«

Die Stimme klang verlegen, und Mitsuri drehte sich um.

»Ja, Sie sind es! Wusste ich's doch!«

Da stand nun also der Junge, der mit seiner Mutter einmal von einem Dämon überfallen worden war. Mitsuri hatte beide damals gerettet. Auf seinem sonnengebräunten Gesicht erschien ein fröhliches Lächeln.

»Ein Glück, dass ich Sie endlich gefunden habe! Ich habe Sie so lange gesucht!«

»Mich?«

Mitsuri blinzelte mit beiden Augen.

»Was gibt's? Brauchst du einen Rat? Hast du Probleme?«

Der Junge schwieg und sah sich plötzlich vorsichtig um. Dann senkte er die Stimme. »Wissen Sie, meine Mutter arbeitet in einem Restaurant hier in der Nähe.«

Offenbar sollte seine Mutter nicht mitbekommen, was er Mitsuri zu sagen hatte.

»Wenn meine Mutter uns hört, liegt sie mir nur wieder in den Ohren.«

Er war noch ein Kind, aber redete wie ein normaler Erwachsener.

»Ach. Ja dann komm mit«, sagte Mitsuri und unterdrückte ein Lachen. Sie gingen zu einem nahe gelegenen Teehaus, das sie häufiger frequentierte. Etwas später saßen sie vor dem Teehaus und der Junge aß mit sichtlichem Genuss einen Kloß.

»Geht's dir gut, mein Junge? Du bist ja richtig groß geworden!«

»Ja, seit damals bin ich um die fünfzehn Zentimeter gewachsen.«

»Fünfzehn Zentimeter! Jungen wachsen so schnell«, sagte Mitsuri und lächelte. Sie hatte einen Bruder, der genau im gleichen Alter war, und so behandelte sie diesen fremden Jungen wie ihren kleinen Bruder.

»Und? Worüber möchtest du mit mir sprechen?«

Der Junge schluckte den letzten Bissen des Kloßes hinunter und hob dann langsam an zu sprechen: »Ich will Zimmermann werden.«

»Ach, das klingt gut! Stellst du gerne Dinge her?«

»Na ja, mein verstorbener Vater war Zimmermann, deshalb.«

»Oh …«

Mitsuri wusste nicht, wie sie darauf antworten sollte. Der Junge zerstreute ihre Verlegenheit, indem er sagte: »Er ist vor drei Jahren gestorben.«

Dann richtete er seine tiefschwarzen Augen gen Himmel. »Er war dabei, eine Brücke zu bauen und fiel in den Fluss, dabei kam er ums Leben. Er war zwar ein geschickter Zimmermann, aber konnte nicht gut schwimmen.«

»Ich verstehe.«

Mitsuri biss sich leicht auf die Unterlippe und sah dem Jungen in sein sonnengebräuntes Gesicht. Sie erinnerte sich noch gut an die Szene: Sie hatte ihn und seine Mutter gerettet, die ihren Jungen fest drückte und dicke Tränen weinte. Sie hatte sich immer wieder bedankt und wäre fast vor Mitsuri auf die Knie gefallen.

»Vielen Dank, dass Sie meinen Sohn gerettet haben! Vielen Dank! Vielen Dank!«

Nachdem sie nun vom Schicksal des Vaters des Jungen gehört hatte, fühlte sich diese Erinnerung umso schmerzlicher an.

»Wegen der Sache damals will meine Mutter nicht, dass ich Zimmermann werde, weil es sie dann immer an meinen Vater erinnern würde. Sie will, dass ich bei einem Kurzwarenhändler oder in einem Kimonogeschäft arbeite. Da will ich aber nicht arbeiten. Ich will Zimmermann werden!« Der Junge ballte die Faust und fuhr fort: »Deswegen habe ich mit einem Zimmermannsmeister, den mein Vater kannte, besprochen, dass ich heimlich bei ihm in die Lehre gehe.«

»Und warum erzählst du mir das alles?«, fragte Mitsuri etwas verwirrt. Der Junge druckste ein Weilchen herum und erwiderte dann sehr abrupt: »Weil Sie so viel Mut hatten, als Sie uns gerettet haben! Sie haben mich sehr beeindruckt!«

»Was …?«

Mitsuri war völlig perplex. Sie war damals gerade erst in die Demon-Slayer-Truppe eingetreten und noch ein einfaches Mitglied gewesen. Sie hatte zwar ein gewisses Ausmaß an Kraft besessen, aber besonders stark war sie beileibe nicht gewesen. Sie hatte nur wild mit dem Schwert herumgefuchtelt und so schließlich den Dämon köpfen können. Das war ihr nur mit Mühe und Not gelungen, daher hatte sie nun wirklich alles andere als ein beeindruckendes Bild abgegeben. Selbst um ihr zu schmeicheln, würde niemand auf die Idee kommen, sie so zu loben.

»Aber damals war ich noch ganz schwach! Ich konnte den Dämon nur auf die erbärmlichste Art und Weise besiegen. Das sah sicher kein bisschen beeindruckend aus, sondern ...«

»Doch, das tat es!«, unterbrach sie der Junge lautstark. »Sie haben für wildfremde Leute mit aller Kraft gekämpft, obwohl Sie eine Frau sind! Und Sie sind dabei so zugerichtet worden. Mich hat noch nie jemand so beeindruckt wie Sie damals! Sie sind toll!«

Die direkten Worte des Jungen trafen Mitsuri mitten ins Herz. Die Ohren des Jungen hatten sich, vielleicht vor Aufregung, rot gefärbt wie der Himmel bei Sonnenuntergang.

»Nachdem ich Sie kämpfen gesehen hatte, wusste ich: So will ich auch werden! Ich will einen Beruf haben, der mir liegt, und anderen Menschen nützlich sein. Ich will nicht etwas machen, was ich gar nicht will, und es hinterher bereuen. Deswegen werde ich Zimmermann, auch wenn meine Mutter noch so sehr weinen wird. Dann baue ich eine Brücke, die noch toller ist als die, die mein Vater bauen wollte!«

Mitsuri sagte nichts dazu, und der Junge fuhr fort: »Wenigstens Ihnen wollte ich das sagen, deswegen habe ich Sie die ganze Zeit gesucht. Vielen Dank für den Kloß!«

Dann lief er so schnell davon, als wären Dämonen hinter ihm her. Mitsuri hatte nicht einmal Zeit, ihn zurückzuhalten. Sie sah ihn nur immer kleiner werden und schließlich in der Menschenmenge verschwinden. Verblüfft und wortlos starrte sie auf die Straße, die der Junge hinuntergelaufen war.

»Willkommen, Frau Kanroji. Frau Kocho erwartet Sie bereits.«

Als Mitsuri das Schmetterlingsanwesen erreichte, machte Aoi Kanzaki ein unangenehm besorgtes Gesicht und führte sie zum Übungs-Dojo. Mitsuri war aufgeregt, aber fragte sich auch: *Warum denn zum Übungs-Dojo?*

Das Übungs-Dojo wurde, wie der Name vermuten lässt, zum Aufbautraining verletzter und genesender Demon Slayer, aber auch für Shinobu Kochos eigenes Training und das ihrer Tsuguko benutzt. Mitsuri war schon öfter zum

Schmetterlingsanwesen gerufen worden, aber dies war das erste Mal, dass man sie ins Übungs-Dojo einlud. Nachdem die besorgt dreinschauende Aoi sich entfernt hatte, öffnete Mitsuri unsicher die Schiebetür des Dojo.

»Äh ... Shinobu?«

»Guten Tag, Kanroji!«

Wie erwartet saß Shinobu in der Mitte des großen Dojo, neben sich zwei Bambusschwerter. Ihr übliches Lächeln fehlte, vielmehr zeigte ihr Gesicht einen kühlen Ausdruck, als sie Mitsuri ansah und beide Bambusschwerter in die Hände nahm. Dann stand sie auf und warf ihr eines davon zu.

Huch?

Reflexhaft streckte Mitsuri den Arm aus und fing das Schwert auf. Mit unverändert strengem Gesichtsausdruck fragte Shinobu: »Darf ich dich zu einen kleinen Wettkampf herausfordern?«

Dies war zwar als Frage formuliert, doch offensichtlich erwartete Shinobu keine Antwort, denn sie richtete die Spitze ihrer Waffe bereits auf die verdutzte Mitsuri.

»Hm? Was? Shinobu ...?«

Mitsuri wusste gar nicht, wie ihr geschah. Shinobu warf ihr einen verächtlichen Blick zu und schritt lautlos auf sie zu, war blitzschnell bei ihr und schlug Mitsuri das Bambusschwert aus der Hand. Dessen Aufprall auf dem Boden erzeugte einen tiefen Ton, der dumpf durch das Dojo hallte.

»Was war das ...?«

Shinobu sah die wie versteinert dastehende Mitsuri durchdringend an.

»Ich habe nicht mal die Hälfte meiner Kraft angewandt. Die Kanroji, die ich kenne, hätte selbst in unkonzentriertem Zustand meinen Angriff mit Leichtigkeit abgewehrt.«

»Ah ... äh ...«

Shinobus Stimme klang harsch und vorwurfsvoll. Mitsuri verlor die Fassung.

»Du kannst deine Atmung nicht richtig anwenden, richtig?«

»Ja, also ... das ... äh ...«

Damit hatte Shinobu den Nagel auf den Kopf getroffen, und Mitsuri wurde immer kleinlauter. Shinobu seufzte so leise, dass Mitsuri es nicht hören konnte, und ließ ihr Bambusschwert sinken. Dann sah sie Mitsuri unverwandt mit kühlem Blick an.

»Deine Gesichtsfarbe gefällt mir gar nicht, und du hast eingefallene Wangen. Könnte es sein, dass du nicht so viele Nährstoffe zu dir nimmst, wie deine Muskeln brauchen?«

Mitsuri erschrak.

»Als Schwertkämpferin bin ich alles andere als stark. Im Gegensatz zu dir, Kanroji! Die Ungezwungenheit, mit der du deine Fechtkunst anwenden kannst, deine erstaunlich flexiblen Muskeln, deine angeborene Körperkraft und dein fast schon übermäßig offenherziger Charakter … All das macht dich zu einer hervorragenden Schwertkämpferin.«

Mitsuri schwieg betreten. »Kanroji«, sprach Shinobu sie nun ohne erkennbare Emotion an. »Warum lässt du dich so gehen?«

Mitsuris Herz pochte wie wild. Ängstlich sah sie Shinobu an, die ihren Blick fest erwiderte.

Dann schluckte sie laut und vernehmlich. Jetzt war die einmalige Gelegenheit für ein ernstes Gespräch gekommen.

Doch …

Nein … Ich kann es nicht sagen! Ich kann es ihr nicht sagen!

Wenn sie sich öffnete und Shinobu alles erklärte, würde diese durch die Erinnerung an jene schrecklichen Ereignisse in ihrem Leben erneut verletzt werden. Nein, das war es nicht … Im Grunde hatte sie Angst davor, es zu sagen. In Wirklichkeit ging es ihr nicht um Shinobu, sondern um sich selbst. Sie hatte Angst, ihr alles zu sagen, weil Shinobu sie dann vielleicht hassen würde. Sie befürchtete, dass ihr bisheriges herzliches Verhältnis dadurch in die Brüche gehen würde. Sie hatte panische Angst davor, eine Freundin zu verlieren.

Um Shinobus Blick auszuweichen senkte Mitsuri den Kopf und umschloss ihre zitternde dominante Hand fest mit der anderen.

Was jetzt? Ich muss mir einen anderen Grund ausdenken …

Und bei diesem Gedanken drang eine Stimme an ihr Ohr.

»Sie waren so toll!«

Ah …

Ruckartig hob Mitsuri den Kopf. Damals war sie noch blutige Anfängerin gewesen, aber der Junge hatte sie so beeindruckend gefunden wie niemand anderen. Nachdem sie den Jungen und seine Mutter vor dem Dämon gerettet hatte, war sie extrem erleichtert gewesen und hatte sich aus tiefster Seele gefreut, dass die beiden am Leben waren. Und sie hatte das Gefühl gehabt, endlich außerhalb ihrer Familie eine Heimat gefunden zu haben.

»Danke!«

Im Grunde war sie selbst es, die sich bedanken wollte.

Nein … Ich darf Shinobu nicht belügen!

Wenn sie das tat, könnte sie nicht mehr länger im Dojo bleiben. Und danach würde sie Shinobu nicht mehr unter die Augen treten können.

Ich muss ihr die Wahrheit sagen. Ich muss ihr sagen, wie ich mich wirklich fühle.

Mitsuri schloss kurz die Augen und sah dann ihre Kameradin direkt an.

»Shinobu ... Weißt du, ich ...«

Allein diese drei Worte ließen ihre Kehle heiser werden. Sie merkte selbst, wie schrill ihre Stimme klang.

»Ich habe gehört, was dir damals widerfahren ist ... Die Kakushi haben es erzählt.«

Shinobu schwieg und sah Mitsuri weiter unverwandt und mit strengem Gesichtsausdruck an. Von ihr ging nicht die geringste Gefühlsregung aus. Wie viel Training würde es wohl bedürfen, die eigenen Gefühle so vollkommen kontrollieren zu können?

Shinobu hatte zusehen müssen, wie ihre Eltern von einem Dämon getötet wurden, und dann auch noch ihre geliebte große Schwester an eines dieser Monster verloren. Mitsuri hielt ihr Herz, das vor Schmerz und Verzweiflung zurückschreckte, nach Kräften in Schach.

»Ich schäme mich wahnsinnig für den Grund, warum ich damals in die Demon-Slayer-Truppe eingetreten bin. Ich wollte mich verlieben und einen Mann zum Heiraten finden ... Dass ich das gesagt habe, tut mir sehr leid für dich. Ich dachte, so kann ich nicht weitermachen, ich muss mich ernsthafter bemühen … aber …«

Nachdem sie begonnen hatte, ihre Gefühle zu unterdrücken, war sie wahnsinnig schwach geworden. Die Liebesatmung hing eben viel stärker mit ihren Gefühlen zusammen, als Mitsuri geahnt hatte.

»Jetzt habe ich endlich verstanden, dass ich so nicht weiterkomme und dass ich auf meine eigene Art stärker werden muss. Denn sonst kann ich niemanden mehr beschützen oder retten.«

Aus Angst davor, von denen, die sie liebte, verstoßen zu werden, vernachlässigte sie die, die sie eigentlich beschützen sollte. Die Kraft, mit der sie gesegnet war, ließ sie sinnlos verkümmern und belog sich immer wieder selbst. Dabei hatte sie sich doch geschworen, an einen Ort zu gehen, an dem sie sich selbst nicht würde belügen müssen, und mit ihrer von ihren Eltern erhaltenen Kraft möglichst viele Menschenleben zu retten.

»Das bin ich, Mitsuri Kanroji! Ich hege Gefühle für viele Leute, esse ganz viel und bin stark … aber … ich … ich … ich mag dich sehr, sehr gerne, Shinobu!«

Nachdem Mitsuri so zu Ende gesprochen hatte, bewegte sich Shinobus weißer Hals ein wenig und sie sagte leise:

»Außer mir haben noch viele andere in der Demon-Slayer-Truppe Verwandte an die Dämonen verloren.«

Ihre Worte gaben Mitsuri einen leichten Stich ins Herz.

»Auch die Familien von Aoi, Sumi, Kiyo und Naho wurden von Dämonen ermordet. Sie leben nun hier mit mir zusammen, weil sie sonst keine Heimat und Zuflucht hätten.«

Mitsuri senkte erneut den Kopf, doch dann hörte sie eine warme Stimme an ihrem Ohr:

»Aber weder die Kinder noch ich haben dich jemals um deine Situation beneidet. Und an dem Grund für deine Mitgliedschaft bei uns haben wir auch überhaupt nichts auszusetzen. Na ja, als wir zum ersten Mal davon hörten, waren wir schon erstaunt, aber …«

»Hm?«

Nun hörte sie ein leises Kichern. Mitsuri erschrak und hob den Kopf. Dann blickte sie in Shinobus Augen, die ein Lächeln umspielte. Ihr strenger Gewichtsausdruck war verflogen, und Shinobus gewohntes freundliches Lächeln hüllte Mitsuri warm ein.

»Wenn wir uns ständig nur die Wunden lecken und in Trauer und Zorn verharren würden, kämen wir nicht vorwärts. Wir brauchen dein heiteres Wesen und dein fröhliches Lachen, denn es hält uns am Leben!«

»Shinobu …«

Mitsuri sah in den Augen ihres Gegenübers sich selbst reflektiert und war den Tränen nahe. Wie bei ihrer ersten Begegnung erschienen ihr Shinobus tiefviolette Augen schön wie sonst nichts auf der Welt.

»Shinobu! Shinobu! Shinobu!«

»Verzeih, dass ich dich in eine Art Prüfungssituation gelockt habe.«

»Nein, nein! Das ist völlig in Ordnung! Ich war ja so verrückt, das habe ich gebraucht!«

Mitsuri klammerte sich an Shinobu fest und schüttelte heftig den Kopf.

Shinobu kicherte amüsiert und sagte: »Von jetzt an hau wieder richtig rein, ja?«

»Ja. Ich achte darauf und esse wieder ganz viel! Und dann werde ich wieder stärker!«

»Iguro hat sich auch Sorgen um dich gemacht, weißt du das?«, sagte Shinobu und fügte dann leise hinzu: »Auch wenn er ein wenig überfürsorglich ist.«

»Ja, ich werde mich bei Iguro entschuldigen, und bei Muichiro auch.«

Mitsuri heulte wie ein Kind, und Shinobu klopfte ihr sanft auf den Rücken, fast als wäre sie ein Baby. Dann flüsterte sie: »Weißt du, ich habe dich um deinen Körperbau immer beneidet.«

»Was?«

»Wenn ich deine Muskeln hätte und so groß wäre wie du, dann …«

»Shinobu …?«

»Ach, ich hab schon zu viel gesagt … vergiss es einfach«, murmelte Shinobu.

Was würde sie dann wohl tun, wenn sie meine Muskeln und Körpergröße hätte?

Mitsuri hatte das Gefühl, dass Shinobus abgebrochene Worte einen starken, brennenden Kummer verrieten.

Denn sie war das einzige Mitglied der Demon-Slayer-Truppe, das einem Dämon nicht den Kopf abschlagen konnte.

Dieser Körper, den sie gerade umarmte, war zerbrechlich wie der eines Kindes, und Mitsuri musste wieder laut weinen. Erneut schwor sie sich, nie wieder sich selbst zu belügen.

Ich will so viele Dämonen köpfen wie ich kann! Damit möglichst viele Menschen ihr Lächeln und ihr Lebensglück behalten können, und damit meine lieben Kameradinnen und Kameraden an diesem mir so wichtigen Ort stolz und kraftvoll leben können!

»Warum sind Sie in die Demon-Slayer-Truppe eingetreten, Frau Kanroji?«, fragte Tanjiro Kamado im Flur des Tetchikawahara-Anwesens. Tanjiros Schwester war zum Dämon geworden, und er selbst war in die Demon-Slayer-Truppe eingetreten, um ihr irgendwann die Rückverwandlung in einen Menschen zu ermöglichen. Und die flammend roten Augen des Jungen waren sehr schön.

Sein direkter Blick ließ sie fast zurückschrecken.

»Hm? Ich? Das ist mir peinlich ... Oh, oh ... Willst du das wirklich wissen?«

Mitsuri zierte sich.

Nezuko, die durch Blutdämonenkunst klein wie ein Kind geworden war, schaute neugierig auf. Mitsuri strich ihr sanft über das glatte schwarze Haar.

»Weißt du, das war so ...«

Und dann erzählte Mitsuri Kanroji lächelnd ihre Geschichte.

KAPITEL 4

Nach dem Traum

Ich habe geträumt, dass mein großer Bruder mich an meinem Krankenbett besucht. Ich wollte aufspringen und mit ihm reden, aber ich war so todmüde, dass ich mich überhaupt nicht rühren konnte. Das war mein Traum.

✵

Als Genya seine schweren Augenlider öffnete, sah er zuerst die Decke des Schmetterlingsanwesens. Neben ihm schlummerte tief und fest Tanjiro, am ganzen Körper bandagiert. Genyas Bruder Sanemi war natürlich nicht anwesend.

Dann habe ich das doch nur geträumt. Ja, es war nur ein Traum.

Es war auch höchst unwahrscheinlich, dass sein Bruder ihn am Krankenbett besuchte. Als Genya sich mit diesem traurigen Gedanken aufrichtete, begegnete sein Blick dem eines Mädchens, das gerade in den Raum gekommen war. Es war eins der drei jungen Mädchen im Anwesen und hatte geflochtenes Haar. Naho hieß sie, meinte Genya sich zu erinnern.

Als sich ihre Blicke trafen, erstarrte Naho vor Anspannung. Dann rief sie: »Aoi! Genya ist aufgewacht!«

»Verzeih, Naho, aber ich bin gerade zu beschäftigt! Miss ihm bitte Puls und Fieber«, rief Aoi aus dem Nebenraum gehetzt zurück. Dann waren die Geräusche von geschäftigem Treiben und Schreie eines erwachsenen Demon Slayers zu hören, offenbar ein Notfallpatient.

»Also, ich messe dir jetzt den Puls«, sagte Naho, als würde sie zu sich selbst sprechen, und betastete nervös Genyas Handgelenk. Dieser spürte, wie ihre kleine Hand dabei zitterte.

Ich kann verstehen, dass sie Angst hat ...

Genya hatte früher immer wieder Dämonenfleisch gegessen, um besondere Kräfte zu erlangen. Himejima hatte ihm Shinobu vorgestellt, und seitdem war Genya öfter im Schmetterlingsanwesen zu Besuch. Aber weder mit Shinobu noch mit sonst jemandem im Haus hatte er vertraute Gespräche geführt. Zum Teil lag das wohl an der für Teenager typischen Scheu vor dem anderen Geschlecht, aber der Hauptgrund war Genyas damalige Dünnhäutigkeit.

Dass er keine Atemtechniken anwenden konnte, ärgerte ihn genauso wie die Tatsache, dass er in puncto Fähigkeiten den Abstand zu seinem großen Bruder nicht verringern konnte. Und diesen Ärger ließ er nicht nur an Dämonen, sondern auch an Gegenständen und sogar Mitmenschen aus. Kein Wunder, dass alle Angst vor ihm hatten.

»Dein Puls ist normal. Als Nächstes messe ich deine Temperatur.«

Trotz ihrer Angst befolgte Naho routiniert Aois Anweisungen.

»36,7. Du hast kein Fieber. Spürst du irgendwo Schmerzen?«

Genya schüttelte den Kopf.

»Dann bringe ich jetzt das Mittagessen.«

»Nein, ich ...«, begann Genya und fügte dann leise hinzu: »Ich esse nichts.« Naho sah ihn ein wenig verlegen an. Aber es war kein tadelnder Blick, sondern einer von Schwermut und Sorge.

Dann ertönten das schrille Klirren von zersplitterndem Glas und ein gellender Schrei.

»Bitte hören Sie auf!«

Aus dem Nachbarzimmer waren Hilferufe zu hören.

»Aoi? Sumi?«

Naho wurde bleich, und nachdem sie die Namen ihrer Kameradinnen gerufen hatte, stürzte sie aus dem Zimmer. Beim zweiten dieser Namen zuckte Genya zusammen.

»Sumi ...«

Eines seiner verstorbenen jüngeren Geschwister hatte auch Sumi geheißen. Sie war ein bisschen verwöhnt gewesen, aber hatte sich immer um ihre Mutter gesorgt, ein liebes Kind. Außerdem hatte sie ihre älteren Brüder Genya und Sanemi geradezu verehrt.

»Mein großer Bruder Genya ...«

Als er den Namen seiner toten kleinen Schwester hörte, sprang er erschrocken aus dem Bett und folgte Naho ins Nachbarzimmer.

Der Boden war übersät mit Glasscherben. Aoi, Sumi und die gerade hinzugekommene Naho sahen ängstlich zum Krankenbett des Mannes, dessen Augen vor Hass und Ärger funkelten.

»Bitte benehmen Sie sich ordentlich! Sie brauchen jetzt vor allem Ruhe«, sagte Aoi.

»Wie kann ich ruhig sein? Mein Arm wächst mir ja nicht nach!«, gab er bissig zurück. Erst jetzt merkte Genya, dass dem Mann ein Unterarm fehlte.

»Ja, Ihr Unterarm ist unwiederbringlich verloren. Aber Sie bluten jetzt stark. Wenn Sie sich weiter so aufregen, dann ...«

»Was wisst ihr denn schon? Ihr kämpft ja nicht da draußen gegen Dämonen!«

Aoi schaute erschrocken und konnte nichts mehr sagen. Sumi und Naho umarmten sich zitternd.

»Ich will so viele Dämonen wie möglich töten! Für Yae! Weil die Monster sie auf dem Gewissen haben! Aber wie soll ich ohne meine Hand ein Schwert halten?«, schrie der Mann. Er griff nach einer Karaffe, die neben seinem Bett stand, und schleuderte sie den Mädchen entgegen.

»Uwah!«

Genya sprang blitzschnell dazwischen und fing die Karaffe mit einer Hand. Zum Glück war sie leer. Plötzlich Genya zu sehen, schien den Mann zu überrumpeln, doch sofort hatte er sich wieder gefangen und starrte den Jungen finster an.

»Was willst du hier?«

»Lassen Sie Ihre Wut nicht an Mädchen aus!«

»Misch dich hier nicht ein, Mistkerl«, gab der Mann giftig zurück.

Seine Augen waren voller Hass, Ungeduld, schrecklichem Zorn und Trauer. Diesen Blick kannte Genya nur zu gut.

Auf so eine Krähe kann ich verzichten! Ich will ein Schwert! Gebt mir sofort ein Schwert!

Nachdem Genya damals das Letzte Auswahlverfahren überlebt hatte, hatte er eines der Mädchen, die den Absolventen alles erklärt hatten, am Pony packen und mit der Faust ins Gesicht schlagen wollen, doch Tanjiro hatte ihn zurückgehalten. In dem Moment hatte er selbst den gleichen Blick gehabt wie der verletzte Mann nun hier im Krankenzimmer.

Genya war sich seitdem bewusst geworden, wie roh und gemein er damals war, denn er sagte nun betont ruhig: »Die Mädchen hier arbeiten unentgeltlich für das Wohl der Truppe und behandeln die Verletzten. Seien Sie dankbar statt sich zu beschweren.«

»Du hast leicht reden, du bist ja kaum verletzt worden! Im Gegensatz zu mir!«

»Wenn Sie Ihre dominante Hand verloren haben, dann greifen Sie das Schwert eben mit der anderen Hand. Wenn Sie die auch verlieren, können Sie Ihr Schwert auch zwischen den Zähnen halten. So würde ich es zumindest machen.«

»Wa…«

»Wenn Sie dazu nicht bereit sind, verlassen Sie bitte die Demon-Slayer-Truppe!«

In diesem Moment sah Genya erstmals dem Mann direkt in die Augen. Der Mann schwieg ein Weilchen wie geistesabwesend, dann begann er leise zu weinen.

»Yae ... Yae ...«

Ob dies der Name seiner Geliebten oder seiner Schwester war, blieb unklar. Er sprach den Namen der Verstorbenen aus und entschuldigte sich immer wieder.

»Verzeih mir ... Yae ... Verzeih mir ...«

Niemand sagte etwas. Schließlich begannen auch Sumi und Naho laut zu weinen. Genya wurde sehr unbehaglich und er verließ wortlos den Raum. Er hatte kein Recht, dem Mann Vorhaltungen zu machen.

Tanjiro hätte sich in der Situation sicher geschickter verhalten.

Tanjiro hätte sich wahrscheinlich in den Mann eingefühlt und ihn vertrauter und freundlicher zurechtgewiesen, als Genya das konnte.

Ich bin eben ein Versager. Ich kriege nichts, aber auch gar nichts auf die Reihe. So wird Sanemi mich nie anerkennen.

Ich kann mich nicht erinnern, dass Papa mich je umarmt hat. Noch nicht mal angelächelt hat er mich, soweit ich weiß. Immer stank er nach Alkohol und benutzte jede freie Minute, um Mama und uns zu verprügeln. Ich hatte aber auch gar nicht das Bedürfnis, von Papa umarmt zu werden. Mit Sanemi zusammen für die jüngeren Geschwister zu sorgen, gefiel mir eigentlich ganz gut. Doch ...

»Hier bist du also, Genya!«

»Sa-Sanemi ...«

Mein großer Bruder hatte mein heimliches Versteck ausfindig gemacht, und ich verzog enttäuscht das Gesicht. Der Schrein, auf dessen Steintreppe ich saß, war so weit weg von dem Reihenhaus, in dem wir wohnten, dass ich sicher war, niemand würde mich hier finden ... Aber Sanemi ist eben einfach ein Genie.

»Es wird schon dunkel! Komm, wir gehen nach Hause. Mama ist auch nicht mehr sauer«, sagte Sanemi in dem gleichen Ton, in dem er immer mit mir sprach.

Fast hätte ich reflexhaft genickt, aber diese Reaktion unterdrückte ich. Vielleicht lag es an dem bisschen Stolz, den ich als kleines Kind hatte. Aber eigentlich hatte ich mich schon unsicher und ängstlich gefühlt und war nun sehr froh, dass Sanemi mich abholen kam. Gleichzeitig hatte ich das Gefühl, meine Mannesehre zu verlieren, wenn ich nun gehorsam hinter ihm nach Hause dackeln würde.

Als ich wortlos den Kopf schüttelte, seufzte Sanemi wie ein Erwachsener. An Körpergröße hatte ich ihn in letzter Zeit nahezu eingeholt, doch er ging immer mit großem Abstand vor seinen jüngeren Geschwistern her. Früher hatte ich das als Zeichen seiner Verlässlichkeit empfunden, aber in letzter Zeit fuchste es mich.

»Der Grund, warum du gewalttätig wurdest, war, dass jemand Sumi gehänselt hat, weil wir trotz unserer Armut so viele Kinder sind, stimmt's?«

Ich nickte. Mein Bruder war enttäuscht von mir. Schließlich hatte ich wegen so einer Kleinigkeit den Sohn des Vermieters geschlagen. Als ich gesehen hatte, wie traurig Sumi weinte, hatte ich zugeschlagen, ohne an die Konsequenzen zu denken.

Der Sohn des Vermieters hatte aus der Nase geblutet. Es hätte durchaus passieren können, dass der Vermieter uns aus der Wohnung wirft. Was wäre dann aus Mama und den anderen geworden?

Und all das nur, weil ich so unbeherrscht war. Sanemi war sicher angewidert von der Gedankenlosigkeit seines kleinen Bruders. So dachte ich, doch …

»Du hast alles richtig gemacht.«

»Was?«

»Du hast als großer Bruder mannhaft deine kleine Schwester verteidigt. Du kannst stolz auf dich sein!«

»Sanemi …«

Ich hob den gesenkten Kopf und sah ihn fragend an. Sanemi lächelte. Das kam nur selten vor, aber wenn er lächelte, dann mit einem sehr lieben Gesichtsausdruck. Dann ähnelte sein Gesicht dem unserer Mutter. Meine jüngeren Geschwister und ich liebten Sanemis Lächeln.

In mir wallten alle möglichen Gefühle auf, und tief hinten in meiner Kehle wurde es so heiß, dass es fast wehtat.

»Gehen wir heim. Mama macht sich schon Sorgen.«

»Ja.«

Ich nickte und stand von der Steintreppe auf. Der Himmel hatte sich schon rot gefärbt, das Licht des Sonnenuntergangs fiel auch auf Sanemis Rücken. Bei diesem Anblick war ich wieder ganz der kleine Bruder und wollte auch von ihm so behandelt werden. Ich war der Zweitälteste und musste mich immer um die jüngeren Geschwister kümmern. Und von Mama ließ ich mich auch kaum je verzärteln.

»Sanemi … Nimm mich huckepack!«

»Was? Bist du verletzt?«, fragte Sanemi erschrocken und drehte sich zu mir um. Ich spürte, wie mein ganzes Gesicht heiß wurde. Natürlich war ich nicht verletzt.

»Nein … Lass nur. Nicht nötig«, sagte ich hastig und trottete weiter hinter Sanemi her. Dann …

»Komm!«

Sanemi ging vor mir in die Hocke.

»Aber nur heute, klar?«

»Ja!«

Ich fühlte mich elend und schämte mich so sehr, dass die Röte nicht aus meinem Gesicht wich. Aber die Freude darüber, dass Sanemi mich huckepack genommen hatte, überwog. So erschien mir sein Rücken noch viel breiter als vorher. »Wenn Papa hier wäre … oder wenn er ein echter Vater wäre, würde sich sein Rücken sicher genauso anfühlen«, dachte ich.

»Mama hat Ohagi gemacht.«*

»Wirklich? Sind noch viele da?«

»Ja, Teiko und ich haben ihr nämlich geholfen.«

»Deswegen riechst du so nach Ohagi!«

»Ich rieche nach Ohagi?«

»Ja. Ah, hab ich einen Hunger!«

So plauderte ich arglos mit Sanemi, während ich auf seinem Rücken saß. Dann dachte ich plötzlich darüber nach, dass ich als jüngerer Bruder es mir leisten konnte, mich von ihm verwöhnen zu lassen. Aber wen hatte Sanemi, um sich verwöhnen zu lassen?

Er unterstützte Mama am meisten von uns allen. Er arbeitete, obwohl er noch ein Kind war. Und er sorgte für seine

* *süße Reiskuchen*

jüngeren Geschwister. Auf Papa war ja kein Verlass. Von wem konnte sich Sanemi verwöhnen lassen?

Sanemi.

Sanemi ...

Verzeih mir, großer Bruder!

Als er die Augen öffnete, fand er sich in einem Behandlungszimmer des Schmetterlingsanwesens wieder. Naho ... nein, es war nicht Naho, sondern Sumi mit den Pferdeschwänzen, die nun ins Zimmer hineinschaute. Sein großer Bruder war natürlich nicht anwesend.

Die Wärme von Sanemis breitem Rücken, der damals noch klein war, für seinen kleinen Bruder aber so groß schien, verflüchtigte sich sofort. Genya richtete sich abrupt auf und sah auf seine Hände, die eben noch Sanemis Hals umklammert hatten. Im Vergleich zu damals hatten sie sich stark verändert und waren nun große Pranken. Vielleicht lag es daran, dass er Dämonenfleisch gegessen hatte, aber nun glichen seine Hände denen von Sanemi.

»Alles in Ordnung?«, fragte Sumi nervös. Genya machte unwillkürlich ein verwundertes Gesicht, und Sumi wich aus irgendeinem Grund seinem Blick aus.

»Deine Tränen …«, sagte das Mädchen bedauernd, und erst jetzt bemerkte Genya, dass er weinte. Hastig rieb er sich mit dem Arm die Tränen aus dem Gesicht. Sumi fragte nicht weiter nach, sondern stützte Genyas Rücken und gab ihm die von Shinobu gebraute Medizin. Tanjiro im Bett neben ihm schlief immer noch.

Warum schläfst du ausgerechnet jetzt? Na los, wach auf und schaff im Nebenzimmer Frieden!

Diesen Gedanken schickte Genya in Richtung des friedlich schlummernden Kameraden. Doch von Tanjiro war nur der stete Atem eines gemütlich Schlafenden zu hören.

»Ist es nicht zu bitter?«

»Nein.«

»Willst du mehr Wasser?«

»Nein.«

Damit brach das Gespräch ab, was Genya wahnsinnig durcheinanderbrachte, und Sumi fragte zaudernd: »Hast du dich mit deinem Bruder gestritten?«

»Was?«

»Weil du im Schlaf ›Verzeih mir, großer Bruder!‹ gesagt hast ...«

Als Genya schwieg und sein Gesichtsausdruck einfror, wechselte das Mädchen das Thema.

»Vielen Dank, dass du uns vorhin verteidigt hast«, sagte es und verbeugte sich.

»Ah ... Schon gut.«

Ganya war erleichtert, über etwas anderes reden zu können, und nickte undeutlich. Grundlos ließ er den Blick durch den Raum schweifen und fragte: »Was ist mit dem jähzornigen Mann von vorhin passiert?« Sumi schlug den Blick nieder.

»Er hat sich beruhigt und liegt jetzt friedlich in seinem Bett. Morgen soll er in ein richtiges Krankenhaus gebracht werden. Er sagte, danach wolle er weitersehen ...«

»Verstehe«, murmelte Genya, dachte nach und fragte dann weiter: »Und du? Bist du verletzt worden?«

»Hm?«

»Na ja, ich habe Glas klirren gehört, deshalb ...«

»Ach so ...« Sumi verstand nun und lächelte. Obwohl Sumi seiner kleinen Schwester gleichen Namens überhaupt nicht ähnlich sah, war ihm, als hätte Letztere ihn angelächelt. Und das versetzte seinem Herzen einen Stich.

»Dank dir, Genya, sind alle unversehrt. Aoi und Naho kamen auch, um sich zu bedanken, aber da hast du noch geschlafen.«

»Aha … Ein Glück«, seufzte Genya.

Sumi sah Genya unverwandt und ohne zu blinzeln an. Das machte Genya verlegen, und Sumi fragte etwas zögerlich: »Ist die Säule des Windes dein älterer Bruder?«

Nach einer kurzen Pause nickte Genya wortlos. Der lauwarme Windhauch, der vom offenen Fenster her hineinwehte, umspielte unangenehm seine Wangen.

»Hat Frau Kocho dir das gesagt?«, fragte er mit trockener Stimme, und Sumi schüttelte den Kopf.

»Nein, das dachte ich mir, weil ihr den gleichen Nachnamen habt und euch sehr ähnlich seht«, sagte sie arglos, doch ihre Worte trafen Genya unerwartet tief ins Herz. Er und Sanemi ähnelten sich also so sehr, dass auch Fremde es bemerkten. Und doch …

»Abschaum wie du ist es nicht wert, mein kleiner Bruder zu sein. Tritt aus der Demon-Slayer-Truppe aus!«

Damals hatten sie sich nach langer Zeit endlich wiedergesehen. Nach unmenschlichen Anstrengungen und etlichen gebrachten Opfern hatte er endlich wieder mit seinem großen Bruder sprechen können. Doch der hatte nur einen kühlen, verächtlichen Blick für ihn übrig gehabt und ihm diese abweisenden Worte entgegengeschmettert.

»Ich habe die Säule des Windes nur wenige Male getroffen und fand ihn furchterregend, daher gehe ich ihm aus dem Weg und kann nicht viel über ihn sagen.«

»Mein Bruder ist nicht furchterregend!«, rief Genya spontan, und Sumi zuckte zusammen. Dann riss Genya sich zusammen, hielt sich die Hand vor den Mund und sagte: »Entschuldige …«

Dennoch ließ er nicht locker. Er wollte einfach nicht, dass das Mädchen mit dem gleichen Namen wie seine kleine Schwester so über seinen Bruder sprach.

»Sanemi ist in Wirklichkeit ein ganz liebenswürdiger Mensch. Er hat uns jüngere Geschwister immer umsorgt und beschützt. Auch unsere Mutter konnte sich auf ihn verlassen. Außerdem …« Genya hielt kurz inne und fuhr dann fast widerwillig fort: »Wenn er lächelt, hat er ein ganz liebes Gesicht.«

Sumi sah ihn ruhig an. Ihre Augen waren voller tiefem Mitgefühl.

Ihr Blick war so sanft, dass es einen traurig machte. Nachdem Sumis ganze Familie von Dämonen getötet worden war, hatte Shinobu das Waisenkind aufgenommen und ihr hier im Schmetterlingsanwesen ein neues Zuhause gegeben. Seitdem erfüllte Sumi eifrig ihre Pflicht, verletzte Demon Slayer zu pflegen.

Wie durch ihre Augen ermuntert, wurde Genya nun redselig und sprach über sich und seine Geschwister.

Er erzählte, was für ein verantwortungsloser Kerl sein Vater gewesen war. Er hatte sich immer viele Feinde gemacht und war am Ende erstochen worden. Genya und Sanemi halfen ihrer Mutter, um die Familie irgendwie durchzubringen. Eines Nachts kam ein Dämon ins Haus und tötete seine jüngeren Geschwister. Er selbst wäre das nächste Opfer gewesen, aber Sanemi rettete ihn. Draußen fand er Sanemi und die Leiche seiner Mutter. Dann erfuhr er, dass es in Wirklichkeit die in einen Dämon verwandelte Mutter gewesen war, die die Geschwister umgebracht hatte, und dass sein großer Bruder Sanemi im verzweifelten Bemühen, die Familie zu retten, selbst die geliebte Mutter getötet hatte.

Und dann hatte Genya seinen großen Bruder beschimpft. Einen Mörder hatte er ihn genannt ...

Als er all dies Sumi erzählte, kam es ihm fast vor, als spräche er von einem anderen, und nicht von sich selbst.

Die unglückselige Dummheit seines damaligen Ich widerte ihn an.

»Mein Bruder verzeiht mir nicht, was ich damals Schreckliches zu ihm gesagt habe, wie ich auf seinen Gefühlen herumgetrampelt bin.«

»Genya ...«

»Deswegen spricht er nicht mehr mit mir.«

Sanemi erkannte Genya nicht mehr als seinen Bruder an, sagte gar, er wolle ihn nie wiedersehen.

»Trotzdem habe ich ...«

Trotzdem habe ich von ihm geträumt, von Sanemi, wie er früher gewesen war. Ich träumte, dass er an mein Krankenbett kommt ... Was für ein Waschlappen ich bin. Ich weiß, dass das die gerechte Strafe ist, und doch fürchte ich mich vor Sanemis eisigen Blicken. Ich habe Angst, dass ich mich Tag für Tag immer mehr verletzt fühle, und dass er irgendwann sagt, dass er mich völlig ablehnt.

Sind wir seit jener verhängnisvollen Nacht wirklich keine Brüder mehr?

Genya ballte die Fäuste. »Hab keine Angst«, sagte Sumi sanft. Sie legte ihre kleinen Hände auf seine, und Genya spürte ihre Wärme.

»Solange ihr lebt, könnt ihr all das immer noch korrigieren!«

Genya machte große Augen und Sumi lächelte.

»Versöhne dich wieder mit deinem großen Bruder, ja?«

Die Worte des jungen Mädchens klangen unheimlich zart, aber auch sehr bedeutsam und schwer.

Sie hat recht.

Dieses Mädchen würde seine Eltern und Geschwister nie wiedersehen können. Wenn jemand tot ist, kann man mit ihm keine Differenzen mehr klären. Und über alte Erinnerungen austauschen konnte man sich dann auch nicht mehr.

Sumi hatte alles verloren. Genya war sauer auf sich selbst, weil er so sehr gejammert hatte, obwohl sein großer Bruder immerhin noch am Leben war.

»Entschuldigung …«, flüsterte er mit von Selbsthass und Reue heiserer Stimme.

»Entschuldige dich nicht, Genya!«

Genya drehte sich zum Urheber der freundlichen Stimme um. Es war Tanjiro, der nun wach im Bett lag und warm lächelte.

»In so einem Fall sagt man ›Danke‹!«

»Tanjiro!«

»Du …«, stotterte Genya mit hochrotem Kopf. Um seine Verlegenheit zu überspielen, zog er an Tanjiros Wangen.

»Seit wann bist du schon wach? Hast du nur so getan, als ob du schlafen würdest?«

»Auaaa! Ich bin gerade erst aufgewacht! Von euren Stimmen … und weil dein Geruch ›Danke‹ bedeutet hat!«

Genya erschrak.

»Ge-genya! Tanjiro ist schwer verletzt, lass ihn bitte jetzt in Ruhe!«

Als Sumi stirnrunzelnd intervenierte, ließ Genya von Tanjiro ab. Dann wandte er sich an das Mädchen.

»Danke«, sagte er lakonisch und mit barschem Unterton.

Sumi riss erschrocken die Augen auf und antwortete ihm dann mit einem Lächeln. Auch Tanjiro lächelte. Genya war so verlegen, dass er den Kopf unter die Bettdecke steckte und seinerseits tat, als schliefe er.

»Ah … Aoi!«

Sumi hatte gerade das Krankenzimmer verlassen, da kam ihr Aoi mit gewaschener Bettwäsche entgegen.

»Was gibt's? Du siehst ja so glücklich aus!«

»Tanjiro ist endlich aufgewacht … Ich will ihm jetzt etwas zum Essen holen.«

»Aha, sehr gut!« Aois Miene hellte sich auf. »Dann wechseln wir die Bettwäsche später.«

»Ja.«

»Und wie geht es Genya?«

»Der hat seine Medizin eingenommen und schläft jetzt«, sagte Sumi und musste lachen, weil ihr wieder einfiel, wie Genya bis zu den Ohren rot geworden war und sich verlegen unter die Bettdecke verzogen hatte. Genya Shinazugawa war eben gar nicht der furchterregende Grobian, für den sie alle ihn gehalten hatten, sondern in Wirklichkeit ein ganz lieber Mensch. Das wollte sie nun auch Naho und Kiyo erzählen.

Aoi sah Sumi neugierig an, dann fiel ihr etwas zum Thema ein.

»Apropos, heute Morgen habe ich die Säule des Windes gesehen. Ich frage mich, was Herr Shinazugawa wohl hier wollte?«

»Hm?«

»Frau Kocho war nicht da, daher ist er vielleicht wütend geworden und wieder gegangen. In dem Fall würde es mir leidtun, ihn nicht gefragt zu haben.«

»Die Säule des Windes ...«

»Ach ja: Tanjiro soll erst mal nur Reisschleim bekommen. Aber wenn er den gut verträgt, gib ihm Onigiri mit eingelegten Pflaumen. Die Säule der Liebe und die Säule des Nebels haben zwar von Anfang an normales Essen vertragen, aber sie sind vielleicht auch etwas Besonderes.«

Sumi sah Aoi nach, die das Bettzeug zurückbrachte, dann blickte sie zurück zur Tür des Krankenzimmers, das sie kurz zuvor verlassen hatte.

Vor ihrem geistigen Auge erschien die Gestalt von Sanemi, der das Gesicht seines im Kampf verletzten und jetzt tief schlafenden kleinen Bruders betrachtete …

Natürlich konnte sie es nicht genau wissen. Vielleicht war es nur ihr Wunschdenken. Aber solange beide lebten, konnten sie sich immer noch versöhnen, wie viele Versuche es auch kosten möge.

Genya … Gib nicht auf!

Nachdem sie ihm innerlich gut zugeredet hatte, ging sie munter zur Küche.

✱

»Doch, Genya! Du musst ordentlich essen!«

»Nein, ich mag wirklich nicht.«

Seit Genyas langem Gespräch mit Sumi hatte diese sich ihm gegenüber merkwürdig vertraut verhalten. Nun saß sie auf seinem Bett, um ihn zum Verzehr gekochter Nahrung zu bewegen, was ihn fast aus der Fassung brachte. Schließlich stand auch Aoi neben seinem Bett, sah zu, dass er auch wirklich alles aufaß und ermahnte ihn: »Du musst das alles aufessen, gerne langsam und Stückchen für Stückchen. Das hat Frau Kocho doch auch gesagt, nicht wahr? Kau gut und lange, iss langsam. Du musst deinen Magen wieder in den Normalzustand zurückversetzen.«

Sie behandelten ihn geradezu wie ein Baby. Normale Männer würden eine solche Situation wohl genießen, aber für den pubertierenden Genya war sie schlimmer als jeder Kampf gegen einen Dämon.

Hinzu kam, dass Tanjiro statt ihm aus seiner schrecklichen Situation zu helfen und ihn gegen die aufdringlichen Mädchen zu verteidigen auch noch warme Worte fand: »Wie schön, dass du dich jetzt mit allen gut verstehst, Genya!«

Der Kerl ist wieder viel zu unbekümmert und kapiert gar nicht, was Sache ist!

Aber er hatte keine Kraft mehr, wütend zu werden.

»Komm schon, Genya! Mach den Mund auf!«

»Du darfst auch Tee dazu trinken!«

Hoffentlich werde ich bald zur nächsten Mission abkommandiert!

Kaum hatte er gedanklich diesen dringlichen Wunsch ausformuliert, drangen von draußen Stimmen herein …

»Inosuke!«

»Imofuke.«

»Inosuke!«

»Imosuke.«

»Boss Inosuke!«

»Boff Imosuke!«

»I – no – su – ke!«

»I – mo – su – ke!«

»Falsch! Inosuke!«

»Imosuke«

»Waaaaah!«

Genya wurde Zeuge eines geradezu entnervenden Dialogs.

»Was ist da los?«, fragte er, ohne sich an jemand Bestimmtes zu wenden.

Tanjiro sagte lachend: »Ach, das! Inosuke versucht Nezuko beizubringen, wie sein Name auszusprechen ist.«

»Inosuke? Wer ist das?«

»Einer aus unserem Jahrgang. Er trägt immer eine Wildschweinmaske, läuft mit freiem Oberkörper rum und will sich ständig mit jedem messen, aber er ist ein guter Kerl! Du wirst dich sicher gut mit ihm verstehen, Genya!«

»Na ja … Nach dem, was du da über ihn erzählst, scheint der mir nicht sehr vertrauenswürdig«, erwiderte Genya skeptisch.

»Komm schon, Genya! Lenk nicht ab, sondern iss deine Mahlzeit auf! Wir machen uns alle Sorgen um dich!«

»Ganz genau! Jeder Bissen zählt! Iss weiter«, trieben ihn nun auch Sumi und Aoi an.

»Sag schön ›Ah‹!«

»Genya!«

»Nun lasst mich doch endlich mal in Ruhe!«

Aber als Genya schließlich mit hochrotem Kopf die Waffen streckte, lachten Aoi und Tanjiro, und auch Sumi musste lachen.

Eines der Krankenzimmer im Schmetterlingsanwesen war nun angefüllt mit warmherzigem Gelächter, und am Ende erschien auch auf Genyas Gesicht der Anflug eines Lächelns.

KAPITEL 5

Für dich, der nie lächelt

Immer wenn sich der hoch gewachsene Bambus im Wind bog, ertönte im ganzen Hain ein unbeschreibliches, angenehmes Rauschen. Der Himmel, der zwischen den Bambusstäben blau hervorlugte, erschien unglaublich weit weg.

»Wir machen jetzt gleich mal eine Pause.«

»Ja.«

Das Säulen-Training von Giyu Tomioka, der Säule des Wassers, fand hier in diesem tausend Jahre alten Bambushain statt. Die Trainingsserie begann bei Tengen Uzui, der ehemaligen Säule des Klangs, und die letzte Station war das Training unter Tomioka. Tanjiro war bislang der Einzige, der so weit gekommen war, und er war auch erst seit wenigen Stunden hier. Eine Stunde davon hatte er im bewusstlosen Zustand verbracht, da er von Sanemi Shinazugawa im Zusammenhang mit dessen Wettkampf gegen Tomioka einen Schlag auf den Kiefer verpasst bekommen hatte.

Herr Shinazugawa war fuchsteufelswild!

In dieser Stimmungslage würde es ihm nie gelingen, auf Genyas Versöhnung mit seinem großen Bruder hinzuwirken. Als Tanjiro mutlos die Schultern hängen ließ, erschien ein Bambusgefäß in seinem Blickfeld.

»Vielen Dank!«

Tomioka reichte ihm wortlos mäßig kaltes Quellwasser, das Tanjiro nun dankbar trank. Das Wasser befeuchtete seine Kehle angenehm. Als Tanjiro sich schließlich ganz entspannt fühlte, sprach er Tomioka an, der neben ihm saß.

»Wie mag Herr Shinazugawa das Bohnenmus im Ohagi lieber, püriert oder stückig?«

Bei einem solchen Thema würde der Tomioka, den Tanjiro kannte, normalerweise gar nicht reagieren, doch diesmal antwortete er sofort: »Also, ich mag es lieber püriert, aber ich vermute, dass Shinazugawa stückiges Bohnenmus bevorzugt.«

»Ah, ich verstehe. Meine Oma hat Ohagi immer mit püriertem Bohnenmus gemacht, deswegen mag ich das viel lieber, aber ich kann mir auch vorstellen, dass Herr Shinazugawa es lieber stückig mag.«

»Aber wenn ich Shinazugawa treffe, bringe ich ihm vorsichtshalber lieber Ohagi in beiden Varianten mit.«

»Ja, genau! Sicher ist sicher!«

»Sollen wir heute Abend Ohagi essen?«

»Ich mache welche!«

Dann sprachen sie noch eine Weile angeregt über Ohagi und die Säule des Windes.

Herr Tomioka scheint ja wieder ganz munter zu sein.

Seine Mimik war zwar immer noch ein Buch mit sieben Siegeln, aber er schien Tanjiro besser gelaunt und auch redseliger als früher zu sein.

Ist er vielleicht bei unserem Soba-Nudeln-Wettessen aufgetaut? Das wäre ja erfreulich! Sollen wir vielleicht als Nächstes ein Klöße-Wettessen machen? Oder ein Udon-Nudeln-Wettessen?

Als Tanjiro verschiedene Möglichkeiten andachte, fragte Tomioka plötzlich: »Wie waren deine bisherigen Säulen-Übungen für dich? Hart?«

»Ja.«

Tanjiros Augen leuchteten.

»Aber sie haben auch viel Spaß gemacht. Da ging's hoch her! So *krrrrtz, gagagang, bumm basch boff, tschhh krtsch*! Alle Säulen sind so toll und können so viel!«

Tomioka schien plötzlich aus irgendeinem Grund leicht entrückt und wechselte das Thema.

»Warum wurde dir der Kontakt mit Shinazugawa verboten?«

»Ach, das … Ich hatte Herrn Shinazugawa wütend gemacht. Und dann kam es zu einer Rangelei, in die ich auch

Zenitsu und andere Truppenmitglieder mit hineingezogen habe. Ich weiß, das hätte ich nicht tun dürfen.«

»Ich mache Shinazugawa auch oft wütend. Aber der ist eigentlich sowieso ständig wütend.«

»War er schon immer so?«

Tomioka beantwortete Tanjiros Frage mit einem Nicken. Dann murmelte er mit neutralem Gesichtsausdruck: »Da fällt mir ein, mir wurde auch einmal der Kontakt mit Shinazugawa verboten.«

»Ach, Ihnen auch, Herr Tomioka? Warum? Hatten Sie Streit?«

Obwohl Tanjiro wusste, dass es sich um eine Episode aus der Vergangenheit handelte, jagte sie ihm Angst ein. So viel Schaden hatte seine Kollision mit Shinazugawa schon angerichtet. Und nachdem er gerade vorhin erst die Übung zwischen Tomioka und Shinazugawa gesehen hatte, wollte er sich gar nicht ausmalen, wie dann erst ein ernsthafter Streit zwischen den beiden aussah.

»Gab es schwere Schäden? Ich meine, im Haus ... bei anderen Leuten ... auf der Straße ...«

»Nein, wir hatten keinen Streit, Shinazugawa war einfach nur sauer. Und nicht nur er, die anderen waren auch ganz komisch an jenem Tag ...«

Tomioka ließ Tanjiros Sorge ins Leere laufen und starrte geistesabwesend am Bambushain vorbei in die Luft. Der Wind wirbelte seinen stark gekräuselten Pony hoch. Seine Augenschlitze waren dabei so schmal, als würde er direkt in die Sonne schauen.

»Ich erinnere mich noch gut ...«

»Was soll das bedeuten, Himejima?«

Die Stimme klang grob und aufgebracht und passte überhaupt nicht in diesen Raum, der dem schönen Garten des Ubuyashiki-Anwesens gegenüberlag.

»Du rufst uns her, obwohl gar keine Säulen-Versammlung stattfindet? Was fällt dir ein?«

»Es ist ein Notfall.«

Shinazugawa starrte Himejima direkt und penetrant an, doch dieser blieb unerschütterlich. Gyomei Himejima, die Säule der Felsen, hatte einen so imposanten Körperbau, dass selbst Bären vor ihm Reißaus nahmen, und er galt als der stärkste Mann in der Demon-Slayer-Truppe. Abgesehen von seiner außergewöhnlichen Körperkraft war er auch der derzeit dienstälteste und erfahrenste Demon Slayer und nahm häufig die Rolle des Organisators und Schlichters ein.

»Ich habe euch nicht meinetwegen hergerufen, sondern weil der gnädige Herr es so wollte«, sagte Himejima resolut. Shinazugawa schnalzte verächtlich mit der Zunge und entfernte sich von seinen Kameraden. Vermutlich weil Ubuyashikis Name gefallen war, enthielt er sich jeder weiteren Beschwerde. Shinazugawa empfand eine außergewöhnliche Loyalität gegenüber dem gnädigen Herrn. Aber das galt auch für alle anderen Anwesenden. Bei diesem Gedanken runzelte Shinobu Kocho plötzlich die Stirn. Die Säulen waren nicht vollzählig.

»Himejima ... Ich kann Tomioka nirgendwo sehen!«

»Du kannst ihn nirgends sehen? Drück dich doch nicht so umständlich aus, Kocho! Er ist nicht da. Und es würde mich nicht wundern, wenn er sich auch in nächster Zukunft nicht hier blicken lässt«, erwiderte nicht Himejima, sondern Obanai Iguro. Shinobu fragte sich, *wer* sich hier umständlich ausdrückte. Aber diese ewige Krittelei war typisch für Iguro.

»Dieser notorische Egoist denkt sich wahrscheinlich: ›Macht ihr mal ohne mich, mich geht das nichts an.‹«

»Was? Dieser Schuft!«

Shinazugawa lag ganz mit Iguro auf einer Linie und bekannte offen seine Wut auf Tomioka.

»Shinazugawa ... Das eben war nur eine reine Vermutung von Iguro«, intervenierte Shinobu. Sie fand es schade, dass Shinazugawa nur aufgrund der Mutmaßung von jemand anderem in Wut geriet.

Dann endlich antwortete Himejima auf Shinobus Bemerkung: »Ich habe Tomioka gesagt, er soll eine Stunde später kommen.«

»Was soll das, Himejima?«

»Heißt das jetzt, wir entscheiden hier etwas in seiner Abwesenheit?«, fragte Shinobu verwundert.

Uzui versuchte lustlos, die Sache ins Lächerliche zu ziehen: »Aha, es hat sich also ausgeplätschert. Die Säule des Wassers wird endlich wegen fehlender Kooperationsbereitschaft gefeuert.«

»He, das geht aber jetzt zu weit!«, rief Kyojuro Rengoku plötzlich alarmiert, nachdem er die ganze Zeit mit verschränkten Armen zu allem geschwiegen hatte.

»So was könnt ihr nicht feige hinter seinem Rücken entscheiden! Wenn, dann sagt ihm ins Gesicht, was euch an ihm nicht passt! So denkst du doch auch, Tokito?«

»Mir egal. Mir ist beides recht«, antwortete Muichiro Tokito lakonisch. Mit seinen an Glaskugeln erinnernden Augen sah er durch die offene Papierschiebetür zu den Vögeln, die im Garten spielten.

»Ich war eh nie dicke mit Tomioka und werde ihn schnell vergessen haben.«

»Ich bin dafür. Er muss auch nicht formell gefeuert werden. Ich schmeiß ihn einfach hochkant raus«, sagte Shinazugawa und ließ die Gelenke seiner Hände knacken.

Auch Iguro stimmte zu: »Ich bin auch einverstanden. Der Kerl stört hier nur den Frieden.«

»Was? Das könnt ihr doch nicht machen! Wir müssen alle zusammenhalten und gut miteinander auskommen!«

Mitsuri sah verzweifelt in die Runde ihrer Kameraden.

Tomioka wird ja stärker gehasst, als ich dachte!

Gerade als Shinobu angestrengt nachdachte, was jetzt zu tun sei, ertönte ein ohrenbetäubender Knall, als wäre etwas geplatzt. Himejima hatte leicht in die Hände geklatscht.

»Ruhe!«

Allein dadurch brachte er Menschen zum Erschauern und erzeugte Gänsehaut. Niemand machte noch einen Mucks, und Himejima sah mit seinen blinden Augen alle scharf an.

»Es geht nicht darum, Tomioka zu feuern. Ich will vielmehr, dass ihr alle ihn, wenn er nachher kommt, zum Lächeln bringt. Um dies zu besprechen, habe ich euch früher als ihn kommen lassen.«

Der Einzige, den diese Eröffnung Himejimas nicht erstaunte, war vermutlich Muichiro. Er hatte schon die ganze Zeit nicht das geringste Interesse am Gesprächsgegenstand gezeigt und verfolgte nach wie vor das Treiben der Vögel im Garten.

Shinazugawa dagegen war wütend und provozierte Himejima erneut: »Hä? Tomioka zum Lächeln bringen? Warum müssen wir denn so einen Blödsinn machen?«

»Weil es der gnädige Herr wünscht«, sagte Himejima ruhig und berichtete allen, was Kagaya Ubuyashiki ihm zuvor mitgeteilt hatte.

»So, nun wisst ihr Bescheid.«

»Er will also Tomioka lächeln sehen?«, fragte Shinobu ungläubig. »Hat der gnädige Herr das wirklich gesagt?«

»Ja. Er macht sich Sorgen, weil Tomioka nie lächelt. Er sagte zu mir: ›Es würde mich überglücklich machen, wenn ich Giyu einmal aus tiefster Seele lächeln sehen könnte.‹«

»In der Tat, ich habe ihn auch noch nie lächeln sehen. Wie das wohl aussieht, wenn er lächelt?«

Auf Mitsuris Frage hin sagte Uzui: »Ich habe Tomioka auch noch nie lächeln gesehen.« Während er leicht mit dem Kinn auf den zum Garten schauenden Muichiro deutete, fügte er hinzu: »Aber warum geht es nur um Tomioka?«

»Da ist was dran«, bekräftigte Shinobu nickend.

Auch Muichiros Gesicht war ein bestechend ausdrucksloses Pokerface. Sein Zwillingsbruder war vor seinen Augen von einem Dämon getötet worden, er selbst hatte den Angriff nur knapp und schwer verletzt überlebt. Er hatte das Gedächtnis verloren, und wenn er nicht gerade gegen Dämonen kämpfte, wirkte er fast wie eine seelenlose Puppe. Rengoku kümmerte sich um ihn, vielleicht weil er einen Bruder im gleichen Alter hatte, aber auch Rengoku gegenüber öffnete Muichiro sich nicht. Insofern war es seltsam, im Zusammenhang mit Ausdruckslosigkeit von Gesichtern nur von Tomioka zu sprechen. Offenbar empfand auch Himejima dies so, denn er sagte mit einem leichten Stirnrunzeln: »Den gleichen Einwand hatte ich auch, doch der gnädige Herr war der Meinung, dass Tokito wieder lächeln können würde, sobald er sein Gedächtnis zurückerlangte. Tomioka dagegen treibe sich selbst in die Enge und lebe willentlich rückwärtsgewandt.«

»Er treibe sich selbst in die Enge ...«, murmelte Shinobu. Das war eine einleuchtende Erklärung. Sie wusste nicht, ob es nur für diese Generation galt, aber alle Säulen hatten ihre ureigensten Charaktere. Außer Mitsuri, Rengoku und Shinobu waren sie alle nicht besonders gesellig. Tomioka und Tokito taten sich durch besonders ausdruckslose Gesichter hervor, aber Himejima, Shinazugawa und Iguro waren auch oft mürrisch und kurz angebunden. Uzui war zwar nicht besonders ungesellig, aber dafür ziemlich launisch.

Untereinander kamen die Säulen jedoch einigermaßen gut klar. Vielleicht ermöglichte ihnen das ihr Stolz, als Säulen für die Demon-Slayer-Truppe verantwortlich zu sein.

Tomioka war anders. Selbst in Shinobus Augen war er ein wenig zu selbstbezogen. Und er sprach zu wenig. Deswegen geriet er besonders oft mit Shinazugawa und Iguro, manchmal auch mit Uzui oder Himejima aneinander. Das war es höchstwahrscheinlich, was dem gnädigen Herrn Sorgen bereitete.

Er will, dass wir als Säulen uns mehr um Tomioka kümmern, weil der dazu neigt, sich zu verschließen und sich abzusondern.

Diese Art der fürsorglichen Anteilnahme war typisch für Ubuyashiki, aber vermutlich hatte Himejima wegen seiner Ernsthaftigkeit das Gespräch mit dem gnädigen Herrn zu wörtlich genommen. Shinobu fragte sich, wie sie das vermitteln sollte.

»Der Wunsch des gnädigen Herrn ist es also nur, dass wir Tomioka zum Lächeln bringen, richtig? Da will ich, Kyojuro Rengoku, gerne mithelfen«, proklamierte Rengoku so laut und theatralisch, dass Shinobu fast aus dem Latschen kippte. Auch er hatte also den Wunsch des gnädigen Herrn zu wörtlich aufgefasst.

»Äh, Himejima, Rengoku ... Ich glaube, der gnädige Herr hat das etwas anders gemeint ...«, versuchte Shinobu unaufdringlich aufzuklären, doch nun stand auch Mitsuri auf und erklärte feierlich: »Ich werde auch alles geben! Ich will Tomioka auch mal lächeln sehen, aber vor allem tue ich es für den gnädigen Herrn!«

Dabei legte sie die Hände vor der Brust zusammen, ihre Wangen glühten rot und ihre Augen funkelten.

»Nein, Kanroji ... Ich meine das eher so ...«

»Diese Entschlossenheit lobe ich mir, Kanroji!«

»Rengoku ...«

Als Rengoku ihr einen Klaps auf den Rücken gab, stieß Mitsuri erschrocken einen kleinen Schrei aus, errötete noch mehr und bedeckte die Wangen mit beiden Händen. Sofort drängte sich Iguro zwischen Mitsuri und Rengoku.

»Wenn Kanroji mithilft, helfe ich auch mit, selbst wenn mir absolut nichts daran liegt, Tomioka zum Lächeln zu bringen.«

»Iguro! Ist das wahr?«

»Ja, bemühen wir uns alle zusammen! Iguro! Kanroji!«

»Ist ja gut, Rengoku! Nun rück Kanroji nicht so auf die Pelle!«

Shinobu wusste nicht mehr weiter. Selbst Iguro wollte nun »mitmachen« und hatte ebenfalls alles zu wörtlich genommen. Das war das Problem. Mitsuri war früher einmal Rengokus Tsuguko gewesen. Am Ende hatte sie sich zwar wegen ihrer ausgeprägten Eigensinnigkeit selbstständig gemacht, aber sie hatten eben früher ein Lehrer-Schüler-Verhältnis gehabt. Und um Mitsuri daran zu hindern, in alte Gefühlswallungen zurückzufallen, hatte Iguro offenbar, ohne lange nachzudenken, seine Zustimmung geäußert.

Dann stand Shinazugawa polternd auf.

»Tsk. Wenn dieser Blödsinn euer Ziel ist, dann bringt ihn mal ohne mich zum Lächeln. Ich gehe nach Hause«, schnaubte er gehässig und schickte sich an, den Raum zu verlassen. Auf dem Rücken seiner Kleidung prangte das Zeichen für »Töten«, und Himejima rief ihn zurück.

»Shinazugawa! Willst du dich etwa dem Willen des gnädigen Herrn entgegenstellen?«

Bei diesem Stichwort blieb der Angesprochene unvermittelt stehen.

»Wenn du den Wunsch des gnädigen Herrn missachtest, dann geh jetzt sofort.«

Shinazugawa war erstarrt.

»Ich halte dich nicht auf. Entscheide selbst, wie du handeln willst.«

Himejimas Stimme war ruhig, doch gerade das machte sie umso unheimlicher. Einige Augenblicke lang unterdrückte Shinazugawa schweigend seine Wut, dann setzte er sich polternd wieder hin.

»Also, nun lasst uns überlegen, wie wir Tomioka zum Lächeln bringen können. Ich selbst bin leider nicht sehr geschickt darin, andere Menschen zu amüsieren, also frei von der Leber weg: Wie lauten eure Ideen?«

So sprach Himejima zu allen Anwesenden mit großem Ernst. Niemand hatte etwas auszusetzen. Offenbar hatten außer Shinobu alle Säulen den Willen des gnädigen Herrn fehlgedeutet. Und angesichts der nun beginnenden überaus skurrilen Beratung war Shinobu bereits ins Stadium der Resignation eingetreten.

»Da bin ich.«

Der verspätet eingetroffene Tomioka öffnete die Schiebetür, und Uzui drehte sich zu ihm um: »Hallo Tomioka, du bist spät dran! Na, komm rein.« Tomioka ließ wortlos den Blick durch den Raum schweifen und machte ein schwer zu deutendes Gesicht.

Verständlich. Shinobu fühlte mit ihm.

Obwohl keine Säulen-Versammlung angesetzt war, hatten sich hier Säulen versammelt und veranstalteten nun aus irgendeinem Grund ein Armdrücken. Jeder, auch sie selbst, wäre bei diesem Anblick ratlos und perplex.

In der Zimmermitte standen drei Tische, an denen die Begegnungen Muichiro gegen Mitsui, Shinazugawa gegen Iguro und Himejima gegen Uzui gerade geendet hatten.

Den Vorschlag, ein Armdrücken zu veranstalten, hatte übrigens Uzui gemacht. Natürlich war dies kein ernsthafter Wettkampf. Wahrscheinlich wollte man Tomioka teilnehmen und absichtlich siegen lassen, um seine Stimmung aufzuhellen. Es war eine einfache, aber gar nicht so schlechte Strategie. Für Uzui, der es grell und theatralisch liebte, war dies geradezu der ideale Plan.

Mit der rechten Hand, die Himejima gerade auf die Tischplatte gedrückt hatte, winkte Uzui nun Tomioka her.

»Himejima ist verdammt stark. Fordere du ihn mal heraus!«

»Ich gehe dann. Wiedersehn.«

Tomioka, der seine erste Verblüffung überwunden hatte, verabschiedete sich tonlos und machte auf dem Absatz kehrt, um den Raum zu verlassen. Shinobu packte ihn blitzschnell am Ärmel. »Das ist ja mal wieder typisch, Tomioka. Die Freundschaft unter uns Säulen zu vertiefen ist auch wichtig!«

»Dann vertieft sie ruhig ohne mich. Ich habe damit nichts zu tun.«

»Wenn du jetzt gehst, werden alle sagen, dass Giyu Tomioka Angst vor Gyomei Himejima hatte und wie ein Angsthase weggelaufen ist. Willst du das etwa?«

Auf Shinobus Frage hin zuckten seine Augenbrauen leicht. Trotz seines ungeselligen Wesens war Tomioka erstaunlich kampfeslustig. Shinobu wusste das und provozierte ihn absichtlich.

»Komm schon, gib dein Bestes, Tomioka. Ich werde dich anfeuern!«

Indem sie ihn kräftig vor sich her schob, drängte sie ihn lächelnd in die Zimmermitte zurück, wo Himejima bereits wartete. Uzui stand auf, um Platz für Tomioka zu machen. Neben dem Tisch stand Rengoku und zeigte seine weißen Zähne.

»Ich, Rengoku, bin der Schiedsrichter! Nun kämpft tapfer und fair!«

Himejima grummelte bestätigend, und Uzui sprach ihn noch einmal beiläufig an: »Himejima.« Damit wollte er ihm wohl bedeuten, dass er Tomioka geschickt und unauffällig gewinnen lassen sollte. Himejima nickte konspirativ.

Tomioka griff nach Himejimas Hand, die buchstäblich einem Felsblock glich. Und dann …

»Was sollte das denn jetzt?«, fragte Shinobu Uzui mit bemüht leiser Stimme. Der Plan war doch gewesen, Tomioka in einem abgekarteten Armdrücken siegen zu lassen und ihn dadurch, mit etwas Glück, zum Lächeln zu bringen. Doch tatsächlich hatte Tomioka nicht nur gegen Himejima eine krachende Niederlage einstecken müssen, sondern auch gegen Uzui, Rengoku und Shinazugawa verloren. Uzui mal außen vor gelassen, der mit einem imposanten Körperbau gesegnet war, waren zumindest Rengoku und Shinazugawa körperlich ähnlich gebaut wie Tomioka. Gegen Mitsuri hatte er zwar mit Ach und Krach gewonnen, aber der Sieg gegen eine Frau hatte natürlich kein Lächeln auf sein Gesicht zaubern können. Shinobu spähte zu Tomioka hinüber, der mit maskengleich ausdruckslosem Gesicht dasaß.

»Warum hast du ganz normal gewonnen?«, fragte Shinobu vorwurfsvoll und mit erneut gesenkter Stimme Uzui. Dieser kratzte sich genervt am Schlüsselbein und erwiderte: »Was hätte ich denn tun sollen? Nachdem Himejima schon gesiegt hatte, konnte ich ja nicht absichtlich verlieren.«

»Und du, Himejima, warum hast du ihn besiegt?«, wandte Shinobu sich nun an den großen Organisator.

Dieser murmelte: »Ach so, das war also der Plan hinter diesem Armdrücken …«

»Sag bloß, das merkst du jetzt erst?«

»Namu …«*

Himejima legte sanft die Hände zusammen und sandte ein Stoßgebet zum Himmel.

Aber warum hat er dann so konspirativ genickt, als Uzui ihn kurz vor der Begegnung mit Tomioka ansprach?

Shinobu war völlig ratlos, und Uzui legte ihr von hinten eine Hand auf den Kopf und sagte wie unbeteiligt: »Kocho! Nicht sauer sein, weil du Letzte geworden bist!«

»Wegen so was werde ich nicht sauer. Ich bin nur erstaunt.«

»Aber du hast wirklich überhaupt keine Kraft in den Armen. Solltest du nicht mehr trainieren? Wieso hast du so schwächliche Ärmchen?«

»Im Kampf kommt es nicht unbedingt nur auf die Kraft in den Armen an!«

Shinobu wurde langsam gereizt und schob Uzuis Hand weg, als Mitsuri freudig erregt auf sie zu kam.

»Keine Sorge, Shinobu, als Nächstes bin ich dran!«

Mitsuri sprach leise, aber ihre Stimme war voller Kampfgeist.

* *Beginn des Nenbutsu-Gebets, hier: erschrockener Ausruf*

»Kanroji ...«

»Weißt du, ich bin in Wirklichkeit ganz gut darin, Leute zum Lächeln zu bringen. Lass mich nur machen!«, sagte Mitsuri und klopfte sich auf die üppige Brust. Mit ihren rosigen Wangen und funkelnden Augen strahlte sie große Zuversicht aus und strotzte geradezu vor Selbstbewusstsein: »Ich habe schon Dutzende von Malen meine kleinen Brüder zum Lachen gebracht, wenn sie gequengelt haben.«

»Gequengelt?«

Shinobu wusste mit dieser Vokabel nichts anzufangen und runzelte die Stirn.

Stimmt ja, Kanrojis kleine Brüder sind ...

Als ihr wieder das Gespräch einfiel, in dem Mitsuri ihr das Alter ihrer kleinen Brüder mitgeteilt hatte, befiel sie eine schreckliche Vorahnung.

»To - mi - o - ka!«

Doch Mitsuri war schon unterwegs zu Tomioka und ...

»Kitzel, kitzel, kitzel, kitzel!«

... mit diesen Worten begann Mitsuri, Tomioka in den Seiten zu kitzeln.

»Gibst du auf? Gibst du auf? Gib auf, sonst kitzle ich dich immer weiter!«

Tomioka schwieg.

»Kitzel, kitzel, kitzel, kitzel!«

Kanroji ...

Shinobus Gesicht hatte unwillkürlich einen nachdenklichen, fast abwesenden Ausdruck angenommen. Ja, wenn man in den Seiten gekitzelt wird, muss man lachen. Besonders Kinder lieben es, gekitzelt zu werden. Sicher würde das auch bei Tanjiro, Inosuke und Zenitsu verfangen und sie zum Lachen bringen. Inosuke würde vielleicht wütend brüllen: »Aufhören! Weck keine warmen Gefühle in mir!« Zenitsu dagegen würde sich glückselig am Boden wälzen und schwärmen: »Uah! Ist das toll!«

Doch der Gekitzelte hier war nun mal eindeutig ein erwachsener Mann. Und nicht nur das, es war Tomioka ...

»Ah ... Entschuldigung!«

Wie erwartet zeigte Tomioka nicht den geringsten Anflug eines Lächelns, sondern im Gegenteil einen gewissen Unwillen, ja sogar Angst. Und so war Mitsuri schlagartig ernüchtert, nahm mit hochrotem Kopf Abstand von Tomioka und ging niedergeschlagen in Hockstellung.

»Es tut mir ... wirklich leid. Ich möchte im Boden versinken!«

Mitsuri schämte sich so sehr, dass sie jeden Moment in Tränen auszubrechen drohte. Um sie zu verteidigen, stand

Iguro auf. »Tomioka ... Bist du zu gar keinen menschlichen Regungen fähig?« Mit wütendem Blick fuhr er fort: »Du hast Kanrojis heldenhafte Bemühungen mit Füßen getreten! Das werde ich dir nie im Leben verzeihen!«

Iguros Stimme zitterte voller Zorn, und auf seinen Schläfen wurden pochende Adern sichtbar. Die Mission, Tomioka zum Lächeln zu bringen, war offensichtlich spurlos aus seinem Bewusstsein verschwunden. Er wirkte, als würde er jeden Moment sein Schwert zücken. Tomioka starrte Iguro auf seine ihm eigene emotionslose Art an.

Wie um die zum Reißen angespannte Stimmung zu zerstreuen, öffnete sich die Schiebetür mit einem unnötig lauten Geräusch.

»Keine Sorge, Iguro und Kanroji! Überlasst den Rest mir!«

In der Tür stand Rengoku Kyojuro, der offenbar irgendwann vorher unbemerkt das Zimmer verlassen hatte. Triumphierend betrat er den Raum. Er hatte sich eine Brille ins Haar geschoben, die noch nie jemand an ihm gesehen hatte. Bei diesem Anblick wurde Shinobu schwindlig.

»Tomioka! Hast du nicht meine Brille gesehen? Ich suche sie schon die ganze Zeit, kann sie aber nirgends finden!«

MEINE BRILLE!
WO IST MEINE BRILLE?

»Du hast sie auf dem Kopf«, murmelte Tomioka träge. »Hat jetzt nicht nur dein Augenlicht nachgelassen, sondern auch deine Gehirnkapazität, Rengoku?«

Rengoku erstarrte. »Oh Mann ...«, murmelte er resigniert und rief dann: »Es hat alles keinen Zweck! Kein Mensch auf der Welt kann Tomioka zum Lächeln bringen!«

Nein, Rengoku ... Deinen Versuch eben fand ich auch nicht allzu gelungen.

Doch Shinobu verkniff sich diese Bemerkung und fragte stattdessen: »Hast du überhaupt jemals eine Brille getragen?«

»Nein, ich kann über 50 Meter weit scharf sehen! Die Brille habe ich gerade erst gekauft«, antwortete er mit einem überaus strahlenden Lächeln im Gesicht. Dass sein mühevoll eingefädelter Witz nicht funktioniert hatte, schien ihn nicht im Geringsten zu stören. Außerdem war er unfähig, leise zu sprechen.

Anwesend waren nun noch Iguro, Muichiro, Himejima, Shinazugawa und Shinobu selbst, doch Iguro war besessen von Abscheu und nicht im Geringsten geneigt, Tomioka zum Lächeln zu bringen, eher würde er ihn umbringen. Muichiro war von Anfang an unmotiviert gewesen, von Shinazugawa ganz zu schweigen. Himejima hatte ja bereits bekundet, nicht zur Erfüllung dieser Mission fähig zu sein, von ihm war also auch nichts zu erhoffen. Tatsächlich war Shinobu nun völlig auf sich allein gestellt. Sie sah Tomiokas unerschütterlich ausdrucksloses Gesicht an.

Jetzt muss ich also Tomioka zum Lächeln bringen! Ist der überhaupt physisch fähig dazu? Kurz nachdem sie diesen respektlosen Gedanken gefasst hatte, entfuhr ihr ein: »Ah!« Doch, doch. Tomioka zum Lächeln bringen, das würde selbst Shinazugawa schaffen.

Denn da gab es jene Episode aus der Vergangenheit.

Tatsächlich erinnerte sie sich an einen Moment, in dem Tomioka zerstreut in sich hineingelächelt hatte, und zwar beim Verzehr von …

»Shinazugawa! Shinazugawa!«

»Hm? Was ist denn?«

Shinobu flüsterte ihrem unangenehmen Kameraden ins Ohr: »Lachs mit Rettich … Tomioka mag Lachs mit Rettich!«

»Hä?«

»Wenn er das isst, muss er unweigerlich lächeln!«

Shinobu zwang sich zu einem aufmunternden Gesichtsausdruck, aber Shinazugawa starrte sie finster an, als wolle er sie im nächsten Moment niederstechen.

»Willst du mich verarschen?«

»Aber nein! Das würde ich nie tun! Es stimmt wirklich! Also bitte lade ihn zum Essen ein und sag ihm, dass es Lachs mit Rettich gibt!«

Obwohl sich Shinobu so sehr bemüht hatte, möglichst leise zu sprechen, brüllte der wütende Shinazugawa nun, als wolle er das Gebäude zum Einsturz bringen.

»Häääh? Wieso muss ich das machen? Lade gefälligst du ihn ein, Kocho!«

»Tu es für den gnädigen Herrn!«

Shinobu zog ihre letzte Trumpfkarte, und Shinazugawa verstummte augenblicklich.

»Denk doch mal nach! Wenn du es schaffst, Tomioka zum Lächeln zu bringen, wird sich der gnädige Herr riesig freuen! Ich bin sicher, er wird dich lächelnd loben und sagen: ›Du bist ja doch ein fähiges Kerlchen, Sanemi!‹«

»Ugh ...«

Shinazugawa riss beide Augen auf. Dann schwieg er eine Weile und drehte sich schließlich zu Tomioka um. Wie automatisch sah auch Shinobu in die gleiche Richtung. Giyu Tomiokas Gesicht ließ nach wie vor keine Rückschlüsse zu hinsichtlich dessen, wo er hinsah oder was er dachte. Ihm selbst war dies sicher nicht bewusst, aber

Außenstehende konnten nicht anders, als sich von diesem Gesicht gefoppt zu fühlen. Wie erwartet ließ der Anblick von Tomiokas Antlitz Shinazugawas Hände zittern und seine Schläfen pochen. Doch ...

»Hö... hör mal, Tomioka ...«

Dass er nun doch anhob zu sprechen, lag wohl daran, dass er dem gnädigen Herrn, den er wie einen Vater liebte, keinen Wunsch abschlagen konnte. Als er seine zornerfüllte Stimme erhob, deutete die Form seiner Mundwinkel tatsächlich auf den Anflug eines Lächelns hin. Er bemühte sich so sehr, dass es einen fast zu Tränen rührte.

»Hast du Lust, jetzt gleich mit mir Lachs mit Rettich essen zu gehen?«

»Nein.«

Tomiokas Antwort kam wie aus der Pistole geschossen.

Tomioka ... Du bist wirklich unmöglich!

Shinobu schloss die Augen. Der Ton von Shinazugawas platzenden Schläfenadern erklang merkwürdig nah an ihren Ohren.

»Lachs mit Rettich habe ich gerade eben erst gegessen«, ergänzte Tomioka, doch dies ging leider in Sanemi Shinazugawas bestialischem Wutgebrüll unter ...

»Und die Geschichte ist wirklich so passiert?«, fragte Tanjiro mit verwundertem Unterton, und Tomioka bejahte nickend.

Tanjiro ließ ein Seufzen hören. Zum ersten Mal hatte er ausführlich von einer Episode erzählt bekommen, die sich zwischen den Säulen abgespielt hatte. Und in dieser war auch Kyojuro Rengoku vorgekommen. Als Tanjiro sich dessen quirlige Gestalt vorstellte, wurde ihm ganz warm ums Herz.

In meinem nächsten Brief an Senjuro muss ich ihm davon berichten.

Als Tanjiro so seinen Gedanken nachhing, murmelte Tomioka zerstreut: »Auch wenn ich mich jetzt zurückerinnere, weiß ich immer noch nicht, warum Shinazugawa so wütend war.«

»Hm ...«

Tanjiro dachte ein Weilchen nach und klatschte dann plötzlich in die Hände. »Ich hab's! Sicher hatte Herr Shinazugawa wirklich Lust, mit Ihnen essen zu gehen!«

»Shinazugawa? Mit mir?«

»Ja! Und Sie haben das abgelehnt … Vielleicht war er ja deswegen traurig!«

»Ach so …«

Tomioka dachte ein Weilchen über Tanjiros Erklärungsversuch nach und sagte dann: »Wenn ich mich dank Ohagi mit ihm wieder vertrage, frage ich ihn, ob er mit mir Lachs mit Rettich essen gehen will.«

»Das ist eine gute Idee! Bestimmt werden Sie beide sich wieder versöhnen können!«

Nachdem Tanjiro ihm das mit einem breiten Lächeln versichert hatte, ließ Tomiokas Gesicht auch ein wenig Freude erahnen. Als Tanjiro auf seinem erstaunlich jugendlich wirkenden Profil ein zartes Lächeln erblickte, machte auch ihn das glücklich.

Der Tomioka von heute würde sicher mit allen gut auskommen. Tanjiro wünschte sich, dass Tomioka irgendwann auch mit den anderen Säulen zusammen würde lächeln können.

Tomioka war ungeschickt und schrecklich wortkarg, aber im Grunde ein ganz lieber Mensch. Wie schön wäre es, wenn man ihn einmal glücklich lächelnd im Kreis der anderen Säulen sehen könnte.

Ich wünschte, Herr Rengoku könnte das noch sehen ...

Nein, er wünschte, dass Rengoku mit dabei sein und lächeln könnte. Als er sich an das sonnige Lächeln des Verstorbenen erinnerte, war ihm nach Weinen zumute.

»Tanjiro ... Die Pause ist rum!«

»Ja!«

Als sein älterer Mitschüler ihn zum Training rief, zog Tanjiro schniefend die Nase hoch und stand hastig auf. Jetzt ging es erst mal darum, stärker zu werden. Damit ihm nie wieder Dämonen einen geliebten Menschen würden rauben können.

Der starke Wind wehte den frischen Geruch von Bambus herüber. Tanjiro ergriff mit beiden Händen das Bambusschwert und drückte es fest ...

KAPITEL 6

Die Geschichte von der Demon-Slayer-Schule ☆ Paradise Lost

»Es gibt nur einen einzigen Grund, warum ich euch heute zu einer dringlichen Sitzung des Kulturfest-Exekutivausschusses zusammengerufen habe!«

Nach der Schule im Konferenzraum ...

Shinobu Kocho, die Vorsitzende des Ausschusses, machte ein ungewöhnlich ernstes Gesicht. »Ich befürchte, dass beim Kulturfest, das schon in einem Monat stattfindet, eine Massenvergiftung passieren könnte.«

»Aber in Anbetracht der Jahreszeit haben wir die Hygienebestimmungen verschärft und Stände mit verderblicher Ware verboten, um Lebensmittelvergiftungen zu verhindern«, gab Schatzmeisterin Aoi Kanzaki mit ernster Miene zu Protokoll. Sekretär Senjuro Rengoku, der an die Tafel geschrieben hatte, neigte fragend seinen Kopf zur Seite.

Hatte Shinobu Kocho tatsächlich von »Massen-Lebensmittelvergiftung« gesprochen?

Wie um diese Frage zu beantworten, korrigierte Shinobu die jüngere Schatzmeisterin: »Ich sprach nicht von Lebensmittelvergiftung, Aoi. Richtiger wäre wohl die Bezeichnung Massen-Schall-Vergiftung, wenn es dieses Wort gäbe.«

»Schall-Vergiftung?«

Diese Vokabel hatte Aoi in der Tat noch nie gehört. Verblüfft sah sie die neben sich sitzende stellvertretende

Vorsitzende Kanao Tsuyuri an. Diese schüttelte ebenfalls ratlos den Kopf. Die Blicke von Senjuro, Aoi und Kanao richteten sich nun natürlich auf Shinobu. Die fragenden Mienen der Anwesenden ließen Shinobu seufzen.

»Das Problem ist diese Veranstaltung.«

Der Handzettel, den sie nun herauszog, bewarb einen Höhepunkt des Kulturfests, nämlich das »Demon Slayer ★ Musikfestival«. Der Hauptpreis für den Gewinner war ausgesprochen üppig und wertvoll, und so war das Festival jedes Jahr sehr beliebt und gut besucht. Gerüchten zufolge sollte der Preis dieses Jahr in einer Reise nach Las Vegas bestehen, entsprechend enthusiastisch waren die teilnehmenden Bands.

»Unter anderen tritt da auch die Band ›Schick-barbarische Demokratie‹ auf.«

Senjuro und Aoi nickten, während die sonst so schweigsame Kanao ein »Ah!« hören ließ.

»Das ist Tanjiros Band!«

»Ja.«

Aus irgendeinem Grund warf Shinobu Kanao einen mitleidigen Blick zu.

»Die Band wurde von Tanjiro, Zenitsu, Inosuke und Herrn Uzui angemeldet.«

»Gibt es ein Problem mit der Band?«

Auf Aois Frage hin machte Shinobu ein nachdenkliches Gesicht.

»Nun ja ... Die müssten jetzt im Moment im Musikraum bei der Probe sein. Aber um sicher zu gehen, sollte mal jemand nachschauen. Aoi und Senjuro, geht ihr bitte mal hin? Aber passt gut auf!«

Senjuro fragte sich verwundert, wieso nur die beiden gehen sollten. Aoi schien das Gleiche zu denken, als beide den Konferenzraum verließen, um zum besagten Musikraum zu gehen.

»Hier üben sie also, ja?«

»Ja. Aber der Musikraum ist schalldicht, deswegen hört man draußen nichts davon.«

»Aber worauf sollten wir denn aufpassen? Was meinte Shinobu damit?«

»Wahrscheinlich sollen wir sie nicht stören, während sie sich auf die Probe konzentrieren.«

Flüsternd öffneten Aoi und Senjuro die schwere Tür des Musikraums. Und im gleichen Moment ...

Was auf die beiden nun einstürmte, war nicht von dieser Welt – ein Bombardement von purem, von Hass und Verfluchung schwangerem Lärm.

✵

»Jetzt … uh … verstehe ich ganz genau, was du meintest, Shinobu.«

»Das stellt in der Tat ein Problem dar … Urgh …«

»Danke für euren Einsatz, Aoi und Senjuro. Ich bin sehr froh, dass ihr wohlbehalten zurück seid«, empfing Shinobu die beiden Späher verständnisvoll, als sie kreidebleich und mit Hand vor dem Mund zum Konferenzraum zurückkehrten. Vermutlich hatte sie absichtlich Kanao, die vage zarte Gefühle für Tanjiro hegte, nicht mitgehen lassen, um ihr eine Erfahrung zu ersparen, die sie vielleicht verletzt hätte.

»Es tut mir sehr leid, Kanao, aber wir müssen uns alle zusammen über die Situation klarwerden«, erklärte Shinobu. »Zunächst einmal: Tanjiros überwältigend unmusikalischer ›Gesang‹ wird die Nerven der Zuhörer extrem strapazieren. Zenitsus Shamisen-Spiel ist voller Groll, da verliert man jeden Gleichgewichtssinn. Inosuke spielt

Trommeln, aber hat null Sinn für Takt und Tempo, sodass man seekrank wird. Herr Uzui mit seinem ungewöhnlichen Lungenvolumen bläst die Mundharmonika so dröhnend, dass es einem den Todesstoß versetzt.«

»Wenn so ein akustisches Desaster nicht im schalldichten Musikraum, sondern unter freiem Himmel stattfindet, richtet es sicher verheerende Schäden an. Es tut mir leid, das sagen zu müssen, stellvertretende Vorsitzende Tsuyuri.«

Auch Senjuro verbeugte sich in Kanaos Richtung. Die so Angesprochene war fassungslos und kreidebleich. Das verstand Senjuro nur zu gut. Obwohl er diese »Musik« gerade selbst gehört hatte, konnte er immer noch kaum glauben, dass derart gemeingefährliche akustische Umweltverschmutzung in dieser Welt existierte.

»Wir sollten sie schnell, möglichst sofort, zum Verzicht auf die Teilnahme auffordern.«

Aoi hatte ihren Brechreiz immer noch nicht unter Kontrolle und ging mit der Plastiktüte in Mundnähe auf Shinobu zu.

»Aber das würde gegen unsere Schulprinzipien ›Gleiche Chancen für alle und Ermunterung zur Selbstständigkeit‹ verstoßen.«

»Der Wert des menschlichen Lebens rangiert höher.«

»Tanjiro … Der Arme!«

Auf Aois resolute Worte hin ließ Kanao bedrückt die Schultern hängen. Aoi beeilte sich zwar, Kanao erneut wortreich um Entschuldigung zu bitten, fügte jedoch hinzu: »Aber diese Band ist eine Mordwaffe!« Senjuro teilte Aois Meinung. Einen Auftritt dieser Kapelle konnte man nur als Akt biologischer Kriegsführung bezeichnen. Er hob den Arm und fragte nervös: »Ähm … Wie wär's, wenn wir das ganze Festival abblasen?«

Auf die Art müssten sie Tanjiro und den anderen nicht die Wahrheit sagen. Senjuro mochte die drei älteren Mitschüler ja sehr, und von Uzuis destruktiven Tendenzen abgesehen, hielt er ihn für einen guten Lehrer. Die vier zu verletzen, das wollte er möglichst vermeiden.

Doch Shinobu schüttelte den Kopf.

»Die Band der Shabana-Geschwister Gyutaro und Ume ist sehr erfolgreich und nimmt auch wieder teil. Ume ist nicht nur an unserer Schule beliebt, ihretwegen strömten letztes Jahr auch viele Jungs aus anderen Schulen zusammen. Die traditionell japanische Instrumental-Band, die Herr Kyogai leitet, hat sogar von Kennern und Experten im Ausland viel Lob erhalten, habe ich gehört. Und die Mädchenband um Nezuko, Makomo, Kiyo, Naho und Sumi ist in der gesamten Schülerschaft super-populär. Wenn wir das ganze Festival absagen …«

»Aber sonst gibt es Hunderte Tote und Verletzte!«, setzte Aoi mit ernstem Gesicht nach. Dann hörte man von ihr ein »Uärgh …«, und sie führte erneut die Plastiktüte zum Mund, weil die Vorstellung eines Konzerts der Bio-Terroristen Übelkeit in ihr auslöste. Senjuro nickte.

Beim Anblick ihrer jüngeren Mitschüler zögerte Shinobu ein Weilchen. »Dann muss es wohl sein«, murmelte sie und fügte energisch hinzu: »Bekämpfen wir Gift mit Gift!«

»Was soll das heißen, wir sind nicht die Headliner?«

»Hey, hey, Vorsitzende! Sag mal, wer oder was soll diese Band mit dem total bescheuerten Namen überhaupt sein?«

Mit »Gift« hatte Shinobu Ume und Gyutaro Shabana gemeint, das einzige Rowdy-Geschwisterpaar der Schule. Shinobu hatte den beiden gerade mitgeteilt, dass die Reihenfolge der Auftritte beim Musikfestival aus diversen organisatorischen Gründen geändert wurde. Die wütenden Blicke der uneingeladen aufgetauchten Geschwister konnten Shinobu nicht aus der Ruhe bringen.

»Das ist eine von Herrn Uzui und drei Schülern gegründete Band. Tanjiro singt, Zenitsu spielt die Shamisen, Inosuke trommelt und Herr Uzui bläst die Mundharmonika.«

»Willst du uns verarschen? Diese Missgeburten haben eine Band gegründet? Das ist doch eine Ansammlung von Dilettanten! Wer will so was hören? Wer will so eine beschissene Band sehen?«

Auf Umes harte Worte hin machte Kanao ein sichtlich verstimmtes Gesicht.

»Besonders diesen Tanjiro kann ich nicht ausstehen! Der hässliche Gnom hat an allem was auszusetzen! Spielt sich als Rächer der Gerechten auf! Ich hasse den Kerl!«

Kanao verschlug es die Worte.

»Kanao ...«, sagte Aoi sanft zu ihrer Freundin und strich ihr besänftigend über den Rücken.

Senjiro beobachtete alarmiert, wie sich die Situation entwickelte. Wenn sie eskalierte, würde er als Mann eingreifen und die Mädchen beschützen müssen.

»Hä? Herr Uzui? Ist das nicht dieser Lehrer, der beneidenswert gut aussieht und drei hübsche Frauen zu Hause hat? Und der will uns als strahlende Headliner verdrängen und uns die Reise nach Las Vegas wegschnappen? Das lasse ich nicht zu! Niemals!!«

»Das sehe ich genauso, Gyutaro!«

»Ja. Wer sich uns in den Weg stellt, den häute ich bei lebendigem Leib und schlitze ihm den Bauch auf, sonst finde ich keine Ruhe!«

»Bitte komm mal wieder runter, Gyutaro Shabana!«

»Sag nicht so schreckliche Dinge!«

Nicht nur die jüngere Ume, auch ihr älterer Bruder Gyutaro waren ziemlich aufgebracht. Senjuro und Aoi waren ratlos, doch Shinobu lächelte strahlend und machte dem Geschwisterpaar einen Vorschlag.

»Wie wär's, wenn ihr zwei direkt mit den Mitgliedern von Schick-barbarische Demokratie sprechen würdet?«

Daraufhin fluchten Ume und Gyutaro lautstark, rissen gewaltsam die Schiebetür auf und zogen ab.

Höchstwahrscheinlich gingen sie zum Musikraum.

»Ume und Gyutaro sind ja ziemlich sauer … Sind die Jungs im Musikraum jetzt ihres Lebens sicher?«, fragte Senjuro, während er die ausgehängte Tür reparierte.

Kanao sprang auf und verkündete: »Ich gehe nach dem Rechten sehen!«

»Ihr müsst keine Angst haben«, beschwichtigte die nach wie vor seelenruhige Shinobu.

»Aber …«

»Herr Uzui ist ja bei ihnen, und der ist unglaublich stark, auch wenn man es ihm nicht ansieht. Während er selbst noch Schüler hier war, soll er als Bandenboss die Gegend beherrscht haben. Man munkelt sogar, dass er ganz alleine 200 Rowdys verprügelt hat. Später war er Student der Kunstakademie. Und nach dem Abschluss soll er massenhaft lukrative Jobangebote aus der Branche abgelehnt haben, um bei uns zu unterrichten.«

»So stark ist der?«

Senjuro erinnerte sich an das eher zierliche Gesicht des Kunstlehrers, der während seiner Schulzeit mit Senjuros großem Bruder befreundet gewesen war.

»Oh ja, das ist er.«

»Wird das dann nicht erst recht zum Problem, wenn der jetzt Streit mit den Shabanas bekommt?«, fragte Aoi zögerlich.

Das war eine durchaus berechtigte Frage. Wenn die Lage eskalierte und die Sache ans Licht kam, würden nicht nur Schick-barbarische Demokratie, sondern auch die Band der Shabana-Geschwister vom Festival ausgeschlossen. Das würde im Endeffekt einen Schaden für das ganze Festival bedeuten. Als Aoi dies andeutete, lächelte Shinobu.

»Wenn Schüler untereinander kämpfen, werden beide Parteien bestraft. Aber wenn Herr Uzui einseitig einen Schüler schlägt, wird er als Einziger bestraft. Wenn er dann ein Auftrittsverbot bekommt, spielen die anderen drei Jungs von der Band auch nicht, schon aus Solidarität.«

Aoi und die anderen schwiegen.

»Na? Ist das nicht eine brillante Lösung?«, fragte Shinobu rhetorisch und klatschte, sich selbst applaudierend, in die Hände.

Ihre Ausführung hatte ziemlich grausame Implikationen, doch ihr Lächeln war herzallerliebst. Dieses trügerische Lächeln erzeugte im Betrachter nur einen Wunsch: *Möge ich diesen Menschen nie zum Feind haben.*

Am nächsten Morgen erreichte den Exekutivausschuss die bestürzende Nachricht, dass die Shabana-Geschwister am Vortag nach der Schule vor dem Musikraum zusammengebrochen und danach ins Krankenhaus eingeliefert worden waren.

»Die Shabana-Geschwister sollen über heftiges Erbrechen, Zittern und Kopfschmerzen klagen«, berichtete Kanao. Shinobu seufzte, und nun umwölkte sich selbst ihr Gesicht. »Uns bleibt keine Zeit mehr.«

Wieder tagte nach Schulschluss der Exekutivausschuss im Konferenzraum der Schule, in der gleichen Besetzung wie am Vortag, plus …

»Ähm …« Senjuro hob scheu die Hand. »Warum ist Kyoju…, äh Herr Rengoku hier?«

Heute war aus irgendeinem Grund auch Geschichtslehrer Kyojuro Rengoku anwesend. Nebenbei bemerkt, war für die Betreuung des Kulturfests nicht er, sondern eine andere Lehrkraft zuständig.

»Kocho hat mich eingeladen! Es gebe etwas, um das sie keinen anderen als mich bitten könne!«, antwortete Herr Rengoku fröhlich. »Und? Wie kann ich euch helfen?«

»Wissen Sie, es gibt da eine Band namens Schick-barbarische Demokratie …«

Shinobu erklärte ihm, was vorgefallen war und worin das Problem bestand.

»Verstehe. Um dieses unangenehme und potenziell gesundheitsschädliche Konzert zu verhindern, soll ich die

Band dazu überreden, die Teilnahme am Musikfestival abzusagen? Um die Schule zu retten, richtig?«

Kyojuro …

Als Herr Rengoku so unverblümt die Dinge beim Namen nannte, wurde seinem jüngeren Bruder schwindlig. Doch dem Geschichtslehrer lag jeder böse Wille fern. Er war nur vollkommen unfähig, zwischen den Zeilen zu lesen und die Stimmungslage richtig zu erfassen.

»Sie sind unsere einzige Hoffnung, Herr Rengoku. Bitte überzeugen Sie die Band!«

Shinobu verbeugte sich brav.

»Lasst mich nur machen! Den Schulfrieden zu bewahren ist der Job eines Lehrers!!«

»Äh, Herr Rengoku … Bitte fügen Sie Tanjiro und den anderen Jungs keine Verletzungen zu«, bat Senjuro flehentlich. Sein älterer Bruder war bester Laune und erwiderte strahlend: »Klar doch! Ich behandle alle Schüler so, als wären sie meine eigenen Kinder! Natürlich verletze ich sie nicht. Überlasst alles mir!«

Zwei Stunden später …

»Ich bin wieder da!«, verkündete Herr Rengoku munter. Alle Blicke waren auf ihn gerichtet. Er nickte ausladend und fuhr fort: »Die Ramen waren lecker!«

»Kyojurooo?«

»Haben Sie sich bestechen lassen?«

Senjuro und Aoi reagierten spontan. Herr Rengoku schüttelte entspannt den Kopf. »Nein, das war keine Bestechung. Sie hatten gerade Pause und haben mich zum Ramen-Essen eingeladen. Die Einladung habe ich angenommen, und so sind wir zusammen zum Ramen-Restaurant gegangen. Das war alles!«

So was nennt man Bestechung, mein lieber großer Bruder.

Senjuro seufzte innerlich.

»Wir haben alle aus der gleichen Schüssel gegessen, und dabei habe ich mich mit Kamado und den anderen Jungs unterhalten.«

Hier hielt der Lehrer inne und lächelte gerührt. »Die Jungs hatten ganz leuchtende Augen! Sie sprachen von einem Plattenvertrag bei einem großen Label und dass sie auch im Ausland auftreten wollen.«

»Urgh …«

»Oäh …«

Die Vorstellung vom Erfolg der Band namens Schickbarbarische Demokratie war für Aoi und Senjuro so schrecklich und peinigend, dass sie wieder kurz davor waren, sich zu übergeben. Kanao strich beiden abwechselnd zitternd über den Rücken.

»Unfassbar, dass die so hoch hinauswollen ...«

Selbst Shinobu war nun kreidebleich und umschloss ihren Oberkörper fest mit beiden Armen, als wäre ihr kalt.

»Und? Konnten Sie die Band dazu bewegen, ihren Auftritt abzusagen?«, fragte Senjuro, obwohl er die Antwort bereits erahnte. Und wie erwartet ...

»Wenn ich so begeisterte und motivierte Schüler erlebe, kann ich nicht anders, als sie zu unterstützen!«

Eisiges Schweigen.

»Einen solchen Enthusiasmus zu stoppen, das kann ich nicht! Eher schlitze ich mir auf der Stelle den Bauch auf!«, erklärte der Geschichtslehrer resolut. Der Enthusiasmus von Schülern bestimmte also sein Handeln und seine Entscheidungen.

Ein Glück, dass er sich nicht mit Ramen hat bestechen lassen!

Senjuro ließ einen kleinen Seufzer hören. Für ihn, der zu seinem großen Bruder aufschaute, war das ein hinreichend guter Grund, erleichtert zu sein.

Aber das änderte nichts an der Situation.

Im Gegenteil, nach dem Fiasko mit den Shabana-Geschwistern war nun auch die Strategie, Herrn Rengoku zur Band zu schicken, damit sie ihre Teilnahme absagte, gescheitert. Die Mitglieder des Exekutivausschusses wussten nicht mehr ein noch aus.

✱

Auch danach zerbrachen sie sich noch die Köpfe, wie sie die Band am Auftritt hindern konnten, aber fanden keine Lösung. Und die verbleibende Zeit bis zum Kulturfest betrug nur noch weniger als eine Woche.

»Und wenn wir ihnen die Benutzung von Mikrofonen und der Anlage untersagen?«

»Auch wenn die unplugged spielen, ist ihr Lärm noch lebensbedrohlich.«

»Wir müssen mit möglichst vielen stressabbauenden Heilmethoden zur Neutralisierung aufwarten.«

»Vielleicht sollten wir bei ihrem Auftritt Hunde und Katzen frei laufen lassen?«

»Das geht nicht. Die Tiere würden sicher sterben!«

»Wie wär's, wenn wir speziell dieser Band eine unmögliche Uhrzeit für ihren Auftritt zuteilen? Um zwei Uhr morgens oder so ...«

»Dann hagelt es bestimmt Beschwerden von den Anwohnern!«

Und so debattierten die Ausschussmitglieder erfolglos und bis zur völligen Erschöpfung, als sich plötzlich die Tür öffnete, ohne dass zuvor von draußen ein Klopfen oder eine Stimme zu hören gewesen war.

»Hey, die Unterrichtszeit ist beendet!«

Alle sahen zur Tür, und da stand niemand anderes als Sportlehrer Giyu Tomioka mit seinem Bambusschwert in der Hand. Er trug die übliche Trainingsjacke, um den Hals baumelte die matt glänzende Trillerpfeife, die er für Anweisungen benutzte. Übrigens war auch er in seiner Schulzeit ein Freund von Senjuros älterem Bruder.

»Was macht ihr so spät noch hier im Schulhaus?«

»Wir haben die Benutzung des Konferenzraums ordentlich registrieren lassen, wenn Sie wollen, kann ich …«, begann Shinobu, aber hielt dann erschrocken inne.

Auch Senjuro schien einen Geistesblitz zu haben. Und wahrscheinlich hatten auch Aoi und Kanao die gleiche Idee.

Giyu Tomioka war neben seiner Hauptfunktion als Sportlehrer auch Leiter des Disziplinarausschusses. Und er war bekanntermaßen in der Behandlung der Schüler so übermäßig streng, dass der Lehrer-Eltern-Ausschuss ihn schon auf dem Kieker hatte. Inoffiziell trug er den Beinamen »lethal weapon«. Vielleicht würde *er* die schickbarbarischen Demokraten stoppen können.

»Herr Tomioka«, rief Shinobu ihn leise beim Namen.

»Was gibt's, Kocho?«

»Einen Verstoß gegen die Schulordnung.«

Bei diesen Worten leuchteten die Augen des Sportlehrers auf. Normalerweise wirkten diese Augen wie die eines toten Fischs, aber sobald er einen Schüler bei einem Verstoß gegen die Schulordnung erwischte, verwandelten sie sich in die Augen eines wilden Raubtiers, das seine Beute fixierte.

»Es ist verboten, auf dem Schulgelände andere zu belästigen oder ihnen körperlichen oder seelischen Schaden zuzufügen. Es gibt einige Schüler und einen Lehrer, die gegen diese Regeln verstoßen.«

»Wer ist es?«

»Es handelt sich um folgende vier Personen: Herrn Uzui, Tanjiro Kamado, Zenitsu Agatsuma und Inosuke Hashibira.«

Dann teilte sie ihm noch mit, dass die vier derzeit im Musikraum probten. Das alleine hätte ausreichen müssen, um das Problem zu lösen, doch es kam anders ...

✵

Eine Stunde später kehrte Tomioka wortlos zurück.

»Herr Tomioka, schön, dass sie wieder da si…«

Shinobu sprach ihren Satz nicht zu Ende, da sie bemerkte, dass über Tomiokas Wangen dicke Tränen rollten.

Angesichts der Tränen auf dem Gesicht des Lehrers, der von allen Schülern wegen seines knallharten und gefühllosen Charakters gefürchtet war, verfielen Senjuro, Aoi und Kanao in Schockstarre, und selbst die abgebrühte Shinobu machte ein erschrockenes Gesicht.

»Was haben Sie, Herr Tomioka?«, fragte sie teilnahmsvoll.

»…rührt.«

»Haben Sie sich mit Herrn Uzui gestritten? Weinen Sie deswegen?«

»Ich bin gerührt.«

»Bitte?«

Auf die völlig unerwartete Erklärung des Lehrers hin hoben nun alle, nicht nur Shinobu, ihre Augenbrauen.

»Ich bin so gerührt.«

»Äh, Entschuldigung, ich habe Sie nicht richtig verstanden. Was sagten Sie?«, fragte Shinobu freundlich und senkte die Brauen.

»So sehr ist mir ein Liedtext in meinem ganzen Leben noch nicht zu Herzen gegangen«, erklärte Tomioka und schloss die Augen, wie um den Nachhall des Liedes zu genießen. Dann rollten neue Tränen über sein Gesicht.

✱

»Warum hast du eine Freundin und ich nicht? ♫ Woran liegt das? An meinem letzten Leben? Habe ich irgendwas verbrochen? ♫«

Die Turnhalle war mehr als nötig abgedichtet worden, um die Nachbarschaft vor Lärmbelästigung zu schützen. Auf der hinteren Bühne standen nun die Mitglieder von Schick-barbarische Demokratie und gaben ihre mörderische Darbietung zum Besten, als führten sie einen Angriffskrieg.

»Senjuro! Bring eine Bahre, schnell!!«

»Ja!«

»Das Sanitätszelt ist voll!«

»Dann schafft Platz im Sport-Lagerraum!«

Die Ausschussmitglieder benutzten Ohrstöpsel und hatten alle Hände voll mit den Rettungsarbeiten zu tun.

Schick-
barbarische
Demokratie

Doch wie zum Hohn ihrer verzweifelten Bemühungen brachen immer wieder Schüler zusammen. Überall war Stöhnen und Ächzen zu hören, zuweilen auch Schreie. Das Musikfestival war zu einem Höllenspektakel geworden.

»Wir brauchen hier mehr Eis‼«

»Eine Waschschüssel, schnell!«

»Shinobu, dieser Mensch hier deliriert mit weit aufgerissenen Augen!«

»Ich komme sofort!«

»Kann jemand mal die Klimaanlage herunterregeln?«

Senjuros, Aois, Kanaos und Shinobus angespannte Rufe wurden nahezu völlig vom infernalischen Lärm des Konzerts übertönt. Nur Tomioka stand da und vergoss Tränen der Rührung.

»Sei nicht so kalt zu mir! Denn das ist wie ein Pistolenschuss in den Bauch! ♪ Hör auf zu sagen, ich sei ein Ekelpaket, und es habe keinen Sinn mit mir! Das ist wie ein Stich mit dem Messer! ♫ Sag das nicht mehr! Das weiß ich selbst! ♪ Ich bin ja nicht blöd! ♫«

»Ich bin ja nicht blöd …«

Während dieses höllische Geschrei ertönte, rührte Tomioka sich nicht, vergoss heiße Tränen und murmelte verzückt den Text mit. Was mochten die zusammengebrochenen und verletzten Schüler beim Anblick dieses Lehrers wohl über ihn denken?

In der Folge hatte sich die Wut der Schülerschaft auf Giyu Tomioka noch einmal verstärkt, und ihre Furcht vor ihm übertraf bei Weitem ihre Furcht vor der eigentlichen Ursache, nämlich der Band namens Schick-barbarische Demokratie. Aber das ist eine andere Geschichte.

Und: Welcher Teil des Liedtextes ist dem Sportlehrer denn eigentlich so zu Herzen gegangen? Was genau Tomiokas stahlharte Tränendrüsen aufzuweichen vermochte, bleibt bis heute ein ungelöstes Rätsel.

NACHWORT

VON KOYOHARU GOTOUGE

Wie hat euch dieser Band gefallen? Ich hoffe, ihr hattet Spaß beim Lesen! Ich durfte wieder Illustrationen beisteuern, aber da ich an so vielen anderen Projekten arbeite, hatte mein Hirn einige Aussetzer, und so unterlief mir zum Beispiel der Fehler, Rengoku bei der vorgeblichen Suche nach seiner Brille in Lehrer-Kleidung zu zeichnen. Zum Glück hatte ein j-BOOKS-Mitarbeiter den Fehler schnell bemerkt, sodass ich ihn noch korrigieren konnte. Dass ich, obwohl ich es verbockt hatte, danach sogar noch leckeren Tee geschenkt bekam, war eine wunderliche Begebenheit. Erneut wurde mir klar, wie viele Menschen an der Fertigstellung eines solchen Buchs beteiligt sind. Vielen Dank an alle. Passen wir gut auf unsere Zähne auf!

In den Kopf gebissen zu bekommen, ist ein sehr seltsames Gefühl, die meisten machen so ein Gesicht dabei.

NACHWORT

VON AYA YAJIMA

Vielen Dank, dass ich die zweite Light Novel zu *Demon Slayer* verfassen durfte! Das verdanke ich wieder all euch Lesern und Leserinnen. Ich bemühe mich mit Leib und Seele, in diesen Geschichten meiner geliebten *Demon-Slayer*-Welt gerecht zu werden. Koyoharu Gotouge konnte, obwohl so unheimlich beschäftigt mit der laufenden Serie, dem Anime, Fanbooks und der Kurzgeschichtensammlung, sogar noch die redaktionelle Leitung übernehmen. Vielen Dank dafür! Immer wenn Koyoharu Gotouge mir korrigierende Hinweise gab wie »Uzui spricht Inosuke nie mit seinem Namen an.« oder wie Herr Himejima angesprochen wird oder Zenitsus Sprechweise, immer dann habe ich endlose Tränen der Dankbarkeit und der Hochachtung vergossen, und mein Kopf fiel vor lauter Glück vor meinem Computer auf die Tischplatte. Vielen Dank auch für die wieder einmal tollen Illustrationen! Sie sind alle so niedlich und wirklich ganz wunderbar!

Der verantwortliche Redakteur Nakamoto hat mir wieder sehr geholfen. Wenn ich an eine Mauer stieß, haben wir gemeinsam überlegt, wie das Problem gelöst werden kann, das hat mir immer unheimlich viel Mut gemacht. Weiterhin gilt mein herzlicher Dank allen Mitarbeitern der j-BOOKS-Redaktion, dem verantwortlichen Redakteur Asai von Weekly Shonen Jump, Korrekturleserin Shiotani von NAHT books, Satou, all den vielen Menschen, die auf die ein oder andere Art bei der Entstehung dieses Buches geholfen haben, und schließlich allen Lesern und Leserinnen!

KOYOHARU GOTOUGE

Hallo, hier ist Koyoharu Gotouge! Der zweite Band der Light Novel ist erschienen! Texte so zu schreiben, dass der Inhalt gut verständlich rüberkommt, und schöne Formulierungen zu finden, ist nicht einfach, daher habe ich großen Respekt vor der Autorin. Wenn ich lange Texte schreibe, verknoten sich beim Tippen meine Finger. Dann werde ich ungeduldig und fange an zu quieken. Ich bin also ein Mensch vom A-Typus (A für Aufschrei). Ich gehöre aber gleichzeitig auch zum Z-Typus (Z für Zähneknirschen). Ich tendiere dazu, heftig die Eckzähne zusammenzubeißen, sodass sie mir schon ausfallen. So ein Mist! Auf seine Zähne muss man gut aufpassen!

Aya Yajima

Ich hatte die Ehre, auch den zweiten Band der *Demon Slayer* Light Novel verfassen zu dürfen! Die Illustrationen sind wirklich ganz wunderbar, also: Bitte lesen!

manga
漫画
cult

DEMON SLAYER
EINFLÜGELIGER SCHMETTERLING

von
Koyoharu Gotouge & Aya Yajima

1. Auflage, 2023
Deutsche Ausgabe/German Edition

Inh. Andreas Mergenthaler | Verlagsleitung: Luciana Bawidamann

Aus dem Japanischen von Burkhard Höfler

First published in Japan in 2019 by SHUEISHA Inc., Tokyo.
German translation rights in Germany, Austria and German-speaking Switzerland
arranged by SHUEISHA Inc. through VME PLB SAS, France.

Programmleitung: Alexandra Grimsehl
Redaktion & Lektorat: Markus Rohde
Lektorat: Andrea Bottlinger
Korrektorat: Peter Schild
Layout und Herstellung: Elke Epple
Satz: Rowan Rüster
Druck: GGP Media GmbH, Pößneck

Print-ISBN: 978-3-96433-887-7
E-Book-ISBN: 978-3-96433-888-4

www.manga-cult.de | Mai 2023